Evangelische Kirche in Bochum 1933
Zustimmung und Widerstand

Günter Brakelmann

Evangelische Perspektiven
Eine Schriftenreihe des Kirchenkreises Bochum

In der Schriftenreihe sind bisher erschienen:
Heft 1:
Günter Brakelmann, Hitler und Luther 1933
1. Auflage Oktober 2008
ISBN-13: 9783837071245

Heft 2:
Günter Brakelmann, Helmuth James von Moltke –
Briefe und Tagebücher aus den Gefängnissen in Berlin und Ravensbrück 1944
1. Auflage November 2009
ISBN 978-3-8391-3233-3

Heft 3:
Günter Brakelmann, Der Kirchenkampf in Harpen 1933 – 1945
mit Originalaufnahmen von 1942 auf CD
1. Auflage Januar 2011
ISBN 9783842328549

Heft 4:
Nachdenken über das Böse
Stiepeler Lektionen I
1. Auflage September 2012
ISBN 978-3-8482-1900-1

Heft 5:
Evangelische Kirche in Bochum 1933
Zustimmung und Widerstand

Herausgeber:
Evangelischer Kirchenkreis Bochum
Westring 26a, D-44787 Bochum
Telefon 0234/962 904-0
http://www.kirchenkreis-bochum.de

In Kooperation mit der Evangelischen Stadtakademie Bochum
http://www.stadtakademie.de
office@stadtakademie.de
Redaktion: Arno Lohmann

Evangelische Kirche in Bochum 1933
Zustimmung und Widerstand

Günter Brakelmann

Verlag Books on Demand GmbH, Norderstedt

Bibliographische Information der Deutschen Bibliothek:
Die Deutsche Bibliothek verzeichnet diese Publikation in der Deutschen
Nationalbibliographie; detaillierte bibliographische Daten sind im Internet
unter http://dnb.ddb.de abrufbar.

1. Auflage Juli 2013
© beim Herausgeber
Redaktionelle Mitarbeit: Sybille Brakelmann
Umschlag/Satz: Q3 design, Dortmund, www.Q3design.de

ISBN 9783732245048

Herstellung und Verlag:
BoD – Books on Demand GmbH
In de Tarpen 42
D-22848 Norderstedt
Telefon (+49) 0 40 / 53 43 35-0
Telefax (+49) 0 40 / 53 43 35-84
Web: www.bod.de
e-Mail: info@bod.de

Inhalt

Vorwort

Im Rahmen ihrer Bildungsarbeit erinnerte die Evangelische Stadtakademie Bochum in Kooperation mit dem Evangelischen Kirchenkreis Bochum im Januar und Februar 2013 an die Machtübernahme der Nationalsozialisten vor 80 Jahren. Dazu gehörten ein Vortrag und ein Seminar des Bochumer Theologen und Sozialethikers Prof. Dr. Günter Brakelmann, einem der besten Kenner des deutschen Widerstandes sowie der Kirche in der Zeit des Nationalsozialismus. Im Zentrum stand die Frage, wie sich die Evangelische Kirche in Bochum vor achtzig Jahren zur Machtübergabe an Adolf Hitler und zum Aufbau des NS-Systems politisch und kirchlich verhalten hat. Der vorliegende Band dokumentiert diese beiden Veranstaltungen. Entfaltet wird ein quellenorientiertes und differenziertes Panorama der kirchlichen Szene in Bochum im Jahr der „Zeitenwende" 1933. *Die* Kirche hat es in der NS-Zeit nicht gegeben, auch und besonders nicht in Bochum. Die Evangelische Kirche in Bochum spaltete sich 1933/34 und findet erst 1945 zur Einheit zurück. Sie existierte nur noch in ihren unterschiedlichen Lagern. Die Optik und Akustik hatten zunächst die Deutschen Christen, die sich in der Kirche als „SA Jesu Christi" verstanden. Ihnen gegenüber bildete sich jedoch noch im selben Jahr theologischer und kirchenpolitischer Widerstand, der zu einer der ersten Gruppen der späteren Bekennenden Kirche führte. Bereits 1933 wurden in Bochum zwei Bekenntnisse von kirchengeschichtlichem Rang gegen den religiösen Geist der Deutschen Christen formuliert.

In einem ersten Teil dokumentieren Texte und Berichte eine für uns heute erschreckend emphatische Zustimmung der Evangelischen Kirche Bochum zum „neuen Reich". Im zweiten Teil werden zwei Pfarrer der Bochumer Altstadtgemeinde vorgestellt, die zu den Mitbegründern der späteren Bekennenden Kirche gehören: Hans Ehrenberg und Albert Schmidt. Das „Bochumer Pfingstbekenntnis" von Hans Ehrenberg, das „Flugblatt der Bekenntnisfront" zu den Kirchenwahlen vom 23. Juli 1933 sowie die „72 Leitsätze zur judenchristlichen Frage" (alle aus dem Jahr 1933) werden theologisch und politisch interpretiert und hier in ihrem historischen Kontext gewürdigt. Während Hans Ehrenberg mehr der Verfasser schriftlicher Bekenntnisse war, war Albert Schmidt mehr ein Mann der Predigt und des öffentlichen Wortes. Die drei von ihm abgedruckten Texte zeigen ihn als den wohl mutigsten Prediger in Bochum.

Gedankt sei Pfarrer a.D. Dr. Georg Braumann, der seit Jahren Zeitungs-
berichte über die Bochumer Kirchengeschichte erschließt. Seine Vorarbeiten
dienten als Grundlage der vorliegenden Dokumentation. Gedankt sei auch
Volker Wagner, der sich um die Aufarbeitung der Bochumer NS-Geschichte
verdient gemacht hat.

Die hier vorgestellten Texte sind nur eine Auswahl der Zeitdokumente.
Aber die grundlegenden Texte der Bochumer Kirchengeschichte aus dem Ent-
scheidungsjahr 1933 liegen hier in einer komprimierten Sammlung vor, kom-
petent theologisch und historisch interpretiert. Es geht uns darum, die für die
Bochumer Kirchengeschichte zentralen Texte aus dieser Zeit auch heute
möglichst Vielen zugänglich zu machen, um sich selbst ein Urteil zu bilden.
Vergangenheit lässt sich nicht ablegen. Sie nötigt uns zu historischer und theologischer Reflexion und Stellungnahme. Aus diesem Lernprozess heraus gilt
es heute, als Evangelische Kirche in Bochum Verantwortung zu übernehmen
für unsere Welt und für eine gemeinsame Zukunft.

Peter Scheffler   *Arno Lohmann*
Superintendent des   Leiter der Evangelischen
Kirchenkreises Bochum   Stadtakademie Bochum

Teil 1: Das große Ja zum „Wendejahr 1933"

Die Jahre 1930–1932

Im Zentrum des kirchengeschichtlichen Interesses stehen im Erinnerungsjahr 2013 Ereignisse des Jahres 1933 in der Bochumer Synode. Doch zuvor soll auf einige Daten und Fakten des politischen und kirchlichen Lebens in der Spätphase der Weimarer Republik 1930 hingewiesen werden.[1]

Auf Reichsebene sind die Reichstagswahlen vom 14. September 1930 von größter zeitgeschichtlicher Bedeutsamkeit: Die NSDAP wird zweitstärkste Partei.[2] In Bochum bekommt sie 17,6 %. SPD, Zentrum und KPD bleiben mit jeweils circa 20 % stärker. Im Juli 1932 erreicht die NSDAP in Bochum schon 29,4 % und wird damit hier die stärkste politische Kraft. Auch bei den Novemberwahlen 1932 bleibt sie mit 27,2 % an der Spitze. Ihre Schwerpunkte liegen in der bürgerlichen Altstadt, im ländlichen Querenburg, Stiepel und Linden-Dahlhausen.[3]

Die rechtsnationale Szene in Bochum traf sich seit Jahren zu großen nationalen Gedenkfeierstunden, z. B. am Reichsgründungstag des 18. Januar. Auch im Jahr 1930 kamen mit 31 Fahnenabordnungen die „nationalen Vereine und Verbände" im Evangelischen Vereinshaus in der Mühlenstraße zusammen.

Hier halten auch bekannte NS-Größen zwischen 1930 und 1932 ihre Reden: Gregor Strasser (1892-1934) über „Totentanz des deutschen Volks", Hans Schemm (1891-1935) über „Der Staatsbankrott vollendet", Gottfried Feder (1883-1941) über NS-Wirtschaftspolitik sowie Bernhard Rust (1883-1945) und Joseph Goebbels (1897-1945) über aktuelle politische Fragen. Letzterer spricht hier in Bochum in einem kirchlichen Vereinshaus den Satz: Wir sind „legal und höflich bis in die letzte Galgensprosse, aber gehängt wird doch".

Hier im Zentrum Bochums, im größten evangelischen Versammlungsraum mit rund 2.000 Sitzplätzen im großen Saal und mit zahlreichen kleineren Versammlungsräumen, fanden Mitgliederversammlungen der NSDAP und der

---

[1] Zur Kirchengeschichte in der Weimarer Republik und in der Frühphase des Dritten Reiches s. Klaus Scholder: Die Kirchen und das Dritte Reich, Bd. 1: Vorgeschichte und Zeit der Illusionen 1918-1934, Frankfurt a. M. 1977

[2] Siehe Karl Dietrich Bracher, Wolfgang Sauer, Gerhard Schulz: Die nationalsozialistische Machtergreifung. Studien zur Errichtung des totalitären Herrschaftssystems in Deutschland 1933/34, Köln und Opladen 1960

[3] Zu Bochum in der NS-Zeit: Johannes Volker Wagner: Hakenkreuz über Bochum, Bochum 1983

Hitlerjugend (HJ) sowie Kundgebungen der NS-Frauenschaft statt. Pastor Philipp Klose (1869-1962), ein frühes Mitglied der Partei, hielt eine Weihnachtsfeier für Parteimitglieder. Die Zeitung berichtete:

Einige Märsche der Sturmbannkapelle 1/17 leiteten den Abend ein. Nach einem Prolog von Fräulein Voß und einem Liede folgte eine Ansprache von Pfarrer Klose. Er sagte, dass ein Volk ohne Gott herabsinke und der Verelendung entgegengehen müsse. In diese Zeit gehöre ein stahlharter Wille, der vor allem zum Opfern bereit sei. Der Kämpfer von heute fände in dem Kämpfer Christus, der ohne Sentimentalität durchs Leben gegangen sei, ein Vorbild, dem er nachzueifern hätte. Dann sprach Pfarrer Klose von den Liedern der Christen, die von jeher Kampflieder gewesen seien. Auch die Weihnachtslieder seien als die Wesenheiten der deutschen Seele der Ausdruck des Kampfes und der christlichen Freiheit. Sie forderten zum Dienen und Opfern auf. Der Ansprache folgten Weihnachtslieder, vorgetragen von Robert Esser (Bochum), Tänze der nationalsozialistischen Tanzgruppe, die einen solchen Anklang fanden, dass sie wiederholt werden mussten, weiter musikalische Vorträge der Sturmbannkapelle und das Spiel der SA-Trommler- und Pfeifenkorps. Zwei Weihnachtsspiele der Jungmädchengruppe „Es ist ein Ros entsprungen" und „Der Schweinehirt" erzielten begeisterten Beifall.

Diese sogenannte Weihnachtsfeier illustriert, wie ein evangelischer Pfarrer in der Lage ist, Christus so zu interpretieren, dass er auch zum Vorbild für die Kämpfer des Nationalsozialismus werden kann. Kirchen- und Weihnachtslieder werden in Analogie zu den Kampfliedern der Bewegung gesetzt. Es geht immer um Kampf und Freiheit. Weihnachtslieder, Märsche, Trommeln und Pfeifen, Tänze und Weihnachtsspiele stehen in fröhlicher Koexistenz.

Von den örtlichen NS-Größen hat im Evangelischen Vereinshaus der katholische Gauleiter Joseph Wagner (1899-1945), seit 1930 Reichstagsabgeordneter, mit dem Thema „Der 14. September ein Wendepunkt der deutschen Geschichte" gesprochen, ferner Wilhelm Schepmann (1894-1970), hoher SA-Führer aus Hattingen, Emil Stürtz (1892-1945), Stellvertreter des Gauleiters und Mitglied des Reichstages, Ernst Riemenschneider, Kreisleiter der Bochumer NSDAP, SA-Standartenführer Otto Voß und viele andere. Im September 1931 fand nach Reden von Wagner und Goebbels ein Propagandamarsch durch die Stadt zum Stadion an der Castroper Straße statt. Dort redeten Ernst Röhm (1887-1934), Wilhelm Kube (1887-1943) und Hans Frank (1900-1946) – prominente Nationalsozialisten. Am Ende standen der Zapfenstreich, ein Gebet und das Deutschlandlied.

Höhepunkt ist der Besuch Hitlers (1889-1945) am 24. Juli 1932 in Bochum mit einer Massenkundgebung im Stadion an der Castroper Straße. Dicht gedrängt standen Bochumer Bürger und hörten den Satz Hitlers: Millionen stehen hinter uns nicht als Ziffer, sondern als fanatische Kämpfer. Katholiken und Protestanten aller Stände haben einen unzertrennlichen Bund geschlossen. Das deutsche Volk ist in einem Aufbruch begriffen wie seit 1813 nicht mehr.[4]

Auch die Glaubensbewegung Deutsche Christen (GDC), die sich am 6. Juni 1932 in Berlin gegründet hatte, hielt ihre erste große Kundgebung in Bochum am 23. August 1932 ab. Der *Bochumer Anzeiger* berichtete:

Gestern Abend fand im großen Saale des Evangelischen Vereinshauses eine stark besuchte Versammlung statt, die einen größeren Kreis mit den Zielen dieser Bewegung bekannt zu machen sich zur Aufgabe gestellt hatte. Pfarrer Krahn (Röhlinghausen) eröffnete sie mit einem Schriftwort aus Römer 13, V. 11 und 12, und erteilte dann das Wort dem Reichsleiter der Bewegung, Pfarrer Hossenfelder aus Berlin. Ausgehend von dem Satze „Ohne Kampf kein Leben" umriss er die geistigen Kämpfe unserer Tage: Der Entscheidungskampf gehe um Glaube oder Unglaube. Heute werde Sünde und Gottlosigkeit idealisiert; von den Universitäten ausgehend, sei die Kritik am Glaubensleben ausgewachsen zur kriegerischen Gottlosenbewegung der Kommunisten, die mit der dämonischen Wucht der Prophetie des kollektivistischen Gemeinschaftsgedankens eine Religion eigener Färbung darstelle. Dieser Gottlosenbewegung gelte der Kampf auf Leben und Tod. Ihr stelle sich gegenüber die bewusst deutsche Christenbewegung. Wir ständen an einer Zeitwende, wo Altes versinken und Neues werden wolle: Anstelle des zum Wahnwitz übertriebenen „Ich" trete das Evangelium in seiner gottgebundenen Gestalt. Der Redner wünschte eine Differenzierung des Alten vom Neuen Testament, eine stärkere Bindung von Volkstum und Evangelium.

Als zweiter Redner sprach Pfarrer Adler (Weslarn). Die Bewegung sei keine theologische Schule, sie verfolge das Ziel, das deutsche Leben zu bestimmen. Folgende fünf Grundsätze stellte der Redner für ein deutsches christliches Volksleben auf: 1. Das Volksleben muss um des Christentums willen national sein – nicht national im üblen Sinne; der unchristliche Kapitalismus werde abgelehnt. 2. Deutscher Sozialismus, der im Mitmenschen den Bruder sieht, und diesem opferwillig beisteht, – daher Ablehnung der sozialen Fürsorge. 3. Deutsche, christliche Kultur; Kampf dem Schmutz und Schund.

---

[4] BA vom 25.07.1932

11

4. Wirtschaftsfragen sind Gottesfragen; es ist Unrecht vor Gott, die Lebensnotwendigkeiten des Volkes außer Acht zu lassen. 5. Erkennen der Feinde des christlich-deutschen Volkslebens und rücksichtsloser Kampf gegen sie.

Beide Vortragende ernteten Beifall. Pfarrer Krahn legte drei Entschließungen vor, die einstimmige Aufnahme fanden. Die erste fordert die Regierung auf, die Notverordnungen aufzuheben, da sie große Volksschichten zu einem fast nicht mehr menschenwürdigen Leben zwänge. Die zweite fordert die Beseitigung der weltlichen Schulen und anstelle der Lehrer dieser Klassen Einstellung entlassener christlicher Junglehrer. Die dritte Entschließung verlangt Einstellung des Konkurses der Devaheimgenossenschaft wegen Mangels an Masse zum Schutze der ohnehin geschädigten Gemeinschaftler, wie das auch in Halle vor zwei Jahren bei einer kommunistischen Genossenschaft geschehen sei. – Darauf wurde die Versammlung in üblicher Weise geschlossen.[5]

Das war die erste Vorstellung der Deutschen Christen (DC) im Bochumer Vereinshaus. Sie hatten sich auf Reichsebene am 26. Mai 1932 zehn Richtlinien gegeben, die das kirchliche Leben aufwühlen sollten:

1. Diese Richtlinien wollen allen gläubigen deutschen Menschen Wege und Ziele zeigen, wie sie zu einer Neuordnung der Kirche kommen. Diese Richtlinien wollen weder ein Glaubensbekenntnis sein oder ersetzen noch an den Bekenntnisgrundlagen der evangelischen Kirche rütteln. Sie sind ein Lebensbekenntnis.

2. Wir kämpfen für einen Zusammenschluss der im „Deutschen Evangelischen Kirchenbund" zusammengefassten 29 Kirchen zu einer evangelischen Reichskirche und marschieren unter dem Ruf und Ziel:

„Nach außen eins und geistgewaltig,
Um Christus und sein Werk geschart,
Nach innen reich und vielgestaltig,
Ein jeder Christ nach Ruf und Art." (Nach Geibel)

3. Die Liste „Deutsche Christen" will keine kirchenpolitische Partei in dem bisher üblichen Sinne sein. Sie wendet sich an alle evangelischen Christen deutscher Art. Die Zeit des Parlamentarismus hat sich überlebt, auch in der Kirche. Kirchenpolitische Parteien haben keinen religiösen Ausweis, das Kirchenvolk zu vertreten, und stehen dem hohen Ziel entgegen, ein Kirchenvolk zu werden. Wir wollen eine lebendige Volkskirche, die

---

[5] Brau, 6

Ausdruck aller Glaubenskräfte unseres Volkes ist.

4. *Wir stehen auf dem Boden des positiven Christentums. Wir bekennen uns zu einem bejahenden artgemäßen Christus-Glauben, wie er deutschem Luther-Geist und heldischer Frömmigkeit entspricht.*

5. *Wir wollen das wiedererwachte deutsche Lebensgefühl in unserer Kirche zur Geltung bringen und unsere Kirche lebenskräftig machen. In dem Schicksalskampf um die deutsche Freiheit und Zukunft hat die Kirche in ihrer Leitung sich als zu schwach erwiesen. Die Kirche hat bisher nicht zum entschiedenen Kampf gegen den gottfeindlichen Marxismus und das geistfremde Zentrum aufgerufen, sondern mit den politischen Parteien dieser Mächte einen Kirchenvertrag geschlossen. Wir wollen, dass unsere Kirche in dem Entscheidungskampf um Sein oder Nichtsein unseres Volkes an der Spitze kämpft. Sie darf nicht abseits stehen oder gar von den Befreiungskämpfern abrücken.*

6. *Wir verlangen eine Abänderung des Kirchenvertrages (politische Klausel) und Kampf gegen den religions- und volksfeindlichen Marxismus und seine christlich-sozialen Schleppenträger aller Schattierungen. Wir vermissen bei diesem Kirchenvertrag das trauende Wagnis auf Gott und die Sendung der Kirche. Der Weg ins Reich Gottes geht durch Kampf, Kreuz und Opfer, nicht durch falschen Frieden.*

7. *Wir sehen in Rasse, Volkstum und Nation uns von Gott geschenkte und anvertraute Lebensordnungen, für deren Erhalt zu sorgen uns Gottes Gesetz ist. Daher ist der Rassenvermischung entgegenzutreten. Die deutsche Äußere Mission ruft aufgrund ihrer Erfahrung dem deutschen Volke seit Langem zu: „Halte deine Rasse rein!", und sagt uns, dass der Christus-Glaube die Rasse nicht zerstört, sondern vertieft und heiligt.*

8. *Wir sehen in der recht verstandenen Inneren Mission das lebendige Tat-Christentum, das aber nach unserer Auffassung nicht im bloßen Mitleid, sondern im Gehorsam gegen Gottes Willen und im Dank gegen Christi Kreuzestod wurzelt. Bloßes Mitleid ist „Wohltätigkeit" und wird zur Überheblichkeit, gepaart mit schlechtem Gewissen, und verweichlicht ein Volk. Wir wissen etwas von der christlichen Pflicht und Liebe den Hilflosen gegenüber, wir fordern aber auch Schutz des Volkes vor den Untüchtigen und Minderwertigen. Die Innere Mission darf keinesfalls zur Entartung unseres Volkes beitragen. Sie hat sich im Übrigen von wirtschaftlichen Abenteuern fernzuhalten und darf nicht zum Krämer werden.*

9. *In der Judenmission sehen wir eine schwere Gefahr für unser Volkstum. Sie ist das Eingangstor fremden Blutes in unseren Volkskörper. Sie hat neben der Äußeren Mission keine Daseinsberechtigung. Wir lehnen die Judenmission in Deutschland ab, solange die Juden das Staatsbürgerrecht besitzen und damit die Gefahr der Rassenverschleierung und Bastardierung besteht. Die Heilige Schrift weiß auch etwas zu sagen von heiligem Zorn und sich versagender Liebe. Insbesondere ist die Eheschließung zwischen Deutschen und Juden zu verbieten.*

10. *Wir wollen eine evangelische Kirche, die im Volkstum wurzelt, und lehnen den Geist eines christlichen Weltbürgertums ab. Wir wollen die aus diesem Geiste entspringenden verderblichen Erscheinungen wie Pazifismus, Internationale, Freimaurertum usw. durch den Glauben an unsere von Gott befohlene völkische Sendung überwinden. Die Zugehörigkeit eines evangelischen Geistlichen zur Freimaurerloge ist nicht statthaft.*

Diese zehn Punkte der Glaubensbewegung „Deutsche Christen" rufen zum Sammeln und bilden in großen Linien die Richtung für eine kommende e v a n g e l i s c h e   R e i c h s k i r c h e, die unter Wahrung konfessionellen Friedens die Kräfte unseres reformatorischen Glaubens zum Besten des deutschen Volkes entwickeln wird.[6]

Diese Richtlinien, die eine deutliche Nähe zum Parteiprogramm der NSDAP hatten, sind in den nächsten Monaten und Jahren Gegenstand der innerkirchlichen Diskussionen in Büchern, Broschüren, Zeitschriften und Zeitungen wie in vielen Gemeindeveranstaltungen gewesen. Der Einbruch der Deutschen Christen in die Kirche bedeutete den gezielten Einbruch nationalsozialistischer Gedanken und Forderungen in den Raum der Kirche. Das strategische Ziel war, möglichst viele Gemeindechristen für die Programmatik und Politik der NSDAP zu gewinnen und den Kirchenbund in eine Reichskirche mit einem Bischof an der Spitze umzuwandeln. Zu beachten ist, dass vieles von dem, was die Deutschen Christen 1932 forderte, ab 1933 mit Staatsgewalt durchgesetzt worden ist.

Diese sich als national-völkische religiöse Bewegung verstehende neue Gruppierung sollte bei den preußischen Kirchenwahlen vom 12.-14. November 1932 schon ein Drittel der Sitze in den Presbyterien der Synode Bochum erobern. Das dürfte verdeutlichen, wie fruchtbar der Boden für die Anerkennung der Richtlinien der Deutschen Christen in Bochum gewesen ist.

---

[6] KDS, 135 f.

Sie hatte ihre frühen Anhänger nicht nur bei vielen Evangelischen in der Bochumer NSDAP und ihren Gruppierungen, sondern auch im rechtsnationalen Spektrum der Stadt, das im Stadtbild immer präsent gewesen ist.

So waren seit Jahren die Deutsch-Nationale Volkspartei (DNVP) und ihre Unterorganisationen, der Alldeutsche Verband und viele andere nationale Kleingruppen ständige Gäste im Vereinshaus. Von den kirchlichen Gruppen und Verbänden haben die Evangelischen Arbeitervereine, die verschiedenen Männer- und Frauenvereine, die Jugendgruppen, der Evangelische Bund, der Stadtverband Evangelischer Vereine und Vereinigungen, der Evangelische Beamtenverein, der Evangelische Gesellenverein und viele andere im Vereinshaus ihre Heimat. Der Vereins- und Verbandsprotestantismus spielt in der Bochumer Öffentlichkeit eine größere Rolle als die Synode. Die einzelnen Gemeinden sind in der Regel ihrem Parochialprinzip verhaftet.

Arbeitet man die Berichte des Bochumer Vereinsprotestantismus aus der Zeit vor 1933 durch, wird die Nähe zur politisch konservativen und rechtsnationalen Szene überdeutlich. Man war mehrheitlich Kritiker und Verächter der Weimarer Republik, man war gegen das demokratische Parteiensystem, besonders gegen das Zentrum und die SPD (die „Schwarzen" und die „Roten") als Träger der Republik und natürlich gegen die KPD. War die DNVP zunächst die Partei des kirchlichen Protestantismus und ihrer Führungseliten, wurde die Hinwendung zur sogenannten NS-Freiheitsbewegung lange vor dem Januar 1933 immer deutlicher. Im kirchlichen Protestantismus hatte die örtliche NSDAP eines ihrer großen Wählerpotenziale. Hinzu kamen stadtbekannte Persönlichkeiten aus dem Handwerk, dem Unternehmertum und der Beamtenschaft, die als Gönner der Partei auftraten. Sie selbst nahmen an dem „Rabaukentum" der SA nicht teil, sahen in ihr aber die Speerspitze gegen Republik und Demokratie.[7]

Ein besonderes Ereignis sei am Rande erwähnt: Kommunisten drangen 1928 bei einer NSDAP-Veranstaltung in das Vereinshaus ein und die anschließende Saalschlacht führte zu seiner Verwüstung. Einige Wochen lang fielen die üblichen Veranstaltungen aus.

---

[7] Zur Geschichte der NSDAP s. Friedrich Alfred Beck: Kampf und Sieg. Geschichte der NSDAP im Gau Westfalen-Süd von den Anfängen bis zur Machtübernahme, Dortmund 1938

Im Jahr 1933

Am 3. Januar 1933 führten die KPD in den Arbeitervierteln des Bochumer Nordens und die NSDAP in den bürgerlichen Vierteln in der Altstadt einen großen Umzug durch. Für viele evangelische Bochumer symbolisierte dieser Tag die große Entscheidungssituation des kommenden Jahres: Entweder wird Deutschland kommunistisch/bolschewistisch oder nationalsozialistisch, rot oder braun, Hammer und Sichel oder Hakenkreuz. Nach ihrem Umzug trafen sich die Nationalsozialisten zur Kreismitgliederversammlung im Evangelischen Vereinshaus.

Am 18. Januar halten am gleichen Ort die „nationalen Verbände und Parteien" ihre letzte Heerschau vor dem 30. Januar ab.

Am 30. Januar 1933 selbst hat es in Bochum keine Triumphfeier gegeben. Erst am 5. Februar treffen sich die Sieger der „nationalen Revolution" am Bismarckturm im Stadtpark: die NSDAP, die DNVP, der Stahlhelm, der deutschnationale Kampfring und die Arbeitsgemeinschaft der nationalen Verbände und Parteien. Uniformen, Fahnen, Wimpel und Musikzüge bestimmen das Bild. Gauleiter Wagner spricht über die „Neugestaltung der Dinge". Der Gauführer des Stahlhelms Dr. Schreiber formuliert in seiner Rede diesen Satz: „Entweder die uns umgebenden Staaten rüsten ab oder Deutschland rüstet auf gegen die, welches es bedrohen." Im Zeitungsbericht über seine Rede heißt es weiter:

Deutschland wünsche keinen neuen Krieg, es verteidige nur sein Recht zum Leben. Wenn die Sieger unsere Fesseln jetzt nicht freiwillig lösen, so würde das Volk diese Fesseln zerreißen, weil sie es an jeder ehrlichen Arbeit und Hantierung hindern. Zum ewigen Hungersklaven lasse sich das Volk nicht machen. Vor seinem Tode, den ihm das Versailler Diktat zugedacht habe, werde es versuchen, sich dieser Fessel zu entledigen. Der bolschewistischen Flut aus dem Osten könne nur ein gesundes Deutschland sich entgegenstemmen. Diese Flut bedrohe zudem ganz Europa und seine Kultur. Die Front gegen diese Flut sei das Ziel des kommenden Wahlkampfes. Die Tore für alle seien weit geöffnet und seien auch jetzt nicht geschlossen für diejenigen, die in falsch verstandener Knappentreue den rechten Weg bisher noch nicht finden konnten. Der deutsche Freiheitstrieb führe jetzt endlich zum Geist der Einigkeit und zu einer wahrhaft christlichen und sozialen Volksgemeinschaft.

Der 5. März müsse an Bedeutung den 30. Januar noch weit übertreffen. Es müsse das Bild eines in seinen Stämmen, Ständen und Volksschichten von ein-

heitlichem Willen beseelten Volkes bringen. Nur so sei die Not zu brechen. Heil Deutschland! Die Menge sang darauf entblößten Hauptes den ersten Vers der deutschen Hymne.[8]

Am Nachmittag marschiert man unter Glockengeläut zum Harpener Friedhof, um einen von Kommunisten erschossenen SA-Mann zu beerdigen. Pfarrer Karl Leich (1894-1965), ein Deutschnationaler und Deutscher Christ, spricht an seinem Grab bewegende Worte über eine bessere Zukunft Deutschlands, für die der junge SA-Mann sein Leben gelassen habe.[9]

Bis zu den Reichstagswahlen am 5. März 1933 tobte in Bochum ein Wahlkampf, der nach dem Motto „Freund oder Feind" geführt wurde.

Am 12. Februar erlebte Bochum den letzten Aufmarsch der „Eisernen Front", des Zusammenschlusses von SPD, Reichsbanner, der freien Gewerkschaften, dem Arbeitersportbund und der sozialistischen Jugend. Es redeten die Bochumer Franz Vogt (1899-1940), Heinrich König (†1943), Fritz Husemann (1873-1935) und der Dortmunder Fritz Henßler (1886-1953). Husemann lehnte die Diktatur von rechts wie von links ab, er forderte den demokratischen Volksstaat. Aber gegen den einsetzenden NS-Terror unter Duldung der Justiz, der Mithilfe des städtischen Apparates und der Polizei kam man nicht mehr an. Am 23. Februar wurde das sozialdemokratische *Volksblatt* verboten, das Verlagsgebäude besetzt, ebenso das Naturfreundehaus Auf dem Hedberg und das SAJ-Heim in Riemke.

Nach den Märzwahlen in der Stadt

Am 5. März bekommen bei den Reichstagswahlen die NSDAP in Bochum 36,3 % (im Reichsgebiet waren es 43,9 %), die Kampffront Schwarz-Weiß-Rot 6 %, die SPD und KPD jeweils 16 %, das Zentrum 21 %. Ähnlich ist das Ergebnis bei den Kommunalwahlen am 13. März. Für die vereinigte Rechte in Bochum ergaben sich also 42 % der Stimmen. Das reichte angesichts der zersplitterten Opposition aus, um Zug um Zug Bochum als Gauhauptstadt zur „braunen Stadt" zu machen. Zu dieser Opposition gehörte auch der Evangelische Volksdienst unter der Führung von Pfarrer Lic. Albert Schmidt (1893-1945), der auch Mitglied des Reichstages war.[10]

---

[8] Br. 1, 35 f.
[9] Siehe Günter Brakelmann: Der Kirchenkampf in Harpen 1933-1945, Bochum 2011
[10] Siehe Rosowski

Schon am 10./11. März setzte in Bochum – für jedermann sichtbar und in Zeitungen nachlesbar – die öffentliche Verfolgung von Kommunisten und Sozialdemokraten, von Gewerkschaftern, von Führern des Reichsbanners, der Eisernen Front und von Vertrauensleuten aus Betrieben ein. Sie wurden ins Polizeipräsidium gebracht oder von der SA in ein Gebäude der stillgelegten Zeche Gibraltar an der Ruhr in Stiepel oder in andere „Folterkammern" wie z. B. in den Keller der Hegelschule in Gerthe verschleppt.

Der parteilose Oberbürgermeister Dr. Ruer (1879-1933), der später Selbstmord beging, die Sozialdemokraten Fritz Husemann und Heinrich König wurden verhaftet und später umgebracht. Am Rathaus wehten bald die Hakenkreuzfahne und die schwarz-weiß-rote Fahne nebeneinander. Sie symbolisieren das Bündnis von nationalkonservativem Bürgertum und nationalsozialistischer Massenbewegung. Auch die Zusammensetzung der Stadtverordnetenversammlung spiegelte dieses Bündnis wider.

Der nächste Triumphtag sollte der 21. März, der Tag von Potsdam, werden, der zum Nationalfeiertag erklärt worden war.[11] Die Schulen versammelten sich, um gemeinsam die Reden Hitlers und Hindenburgs zu hören. Auf dem Kaiser-Friedrich-Platz (heute Imbuschplatz) fand eine große Feier statt. Die *Bochumer Nachrichten* berichteten:

In der Mitte war eine Kanzel aufgestellt von grünenden Gewächsen umkleidet, rechts und links davon eine Gewehrpyramide aufgebaut. Im offenen Rechteck hatte nach der Südseite die Schutzpolizei Aufstellung genommen, daran schlossen sich an die Landjäger und die Formationen der Hilfspolizei, die die Ost- und Südseite einnahmen. Polizeipräsident Sarrazin, in Begleitung seines Stellvertreters, des Oberregierungsrat Sträter, erschien und begrüßte zunächst die Vertreter des Höheren Polizeiführers für den Westen, Generalmajor von Oven, die Polizeiführer, die Vertreter der Behörden und die Geistlichkeit beider Konfessionen. Marschklänge erschallen. Die Fahnenkompanie, die schwarz-weiße Preußenfahne, die alte und jetzt wieder neue Reichsfahne, die Hakenkreuzfahne und die Reichskriegsflagge vorantragend, marschiert in strammen Schritt heran. Ein Bild, das an vergangene Zeiten erinnert und nun zeigen soll, dass der deutsche Wehrwille wieder erwacht ist. Oberleutnant Müller, der die mit Karabinern bewaffnete Schar im Stahlhelm anführt, erstattet Meldung. Die Polizeikapelle tritt näher zur Kanzel, feierlich erschallt der Ambrosianische Lobgesang über den Platz. Dann betritt Pfarrer Heimhardt die

---

[11] Siehe Hans Hupfeld (Hg.): Reichstagseröffnungsfeier in Potsdam. Das Erlebnis des 21. März in Wort und Bild, Potsdam 1933

Rednerkanzel und hält eine tief von Herzen kommende Ansprache. Das deutsche Volk habe in freier und geheimer Wahl sich entschieden, die Wege der bisherigen Staatsleitung zu verlassen und einer neuen Staatsleitung sich anzuvertrauen. Eine gewaltige nationale Welle sei durch unser Volk gegangen, die die Hoffnung weckte, dass nun alles zum Besseren sich wenden möge. Der Redner fuhr fort:

„Wir stehen am Anfang neuen staatlichen Lebens. Heute treten zum ersten Mal die neuen deutschen Abgeordneten zusammen. Ihr erster Gang ist zum Gottesdienst. Sie treten zum Beten, um vom Höchsten Hilfe zu erflehen. Ehrfurcht vor Gott, von dem alle Autorität ausgeht, und Ehrfurcht vor der Staatsgewalt sollten die Autorität gründen, die notwendig ist. Den Männern, die heute in Potsdam zusammentreten, ist es heiliger Ernst, dass die christlichen Lebensgrundsätze im deutschen Volke zur Verwirklichung gelangen. Wir stehen wirklich am Anfang einer neuen staatlichen Lebensform. Darum sind wir auch hier in inniger Teilnahme verbunden, mit freudigem Vertrauen und voll Zuversicht. ,Ich hab mich ergeben mit Herz und mit Hand, du Land voll Lieb und Leben, mein teures Vaterland.' Möge Gott den neuen Männern Einsicht und Kraft geben, unser liebes deutsches Vaterland aus Not und Elend herauszuführen zu Freiheit, Wohlfahrt und Frieden!"

Nachdem die Musik das Lied „Ich hab mich ergeben" gespielt hatte, nahm das Wort Pfarrer Hardt. Er führte aus: Unser Blick sei gerichtet nach Potsdam, nach jener Stätte, da der Geist eines Friedrich des Großen, der Geist der Zucht und Ordnung, der Hingabe an das Ganze verkörpert sei. Da knüpfen wir an,, das soll mit uns gehen in die neue Zeit. Großes, schier Übermenschliches werde von der neuen Regierung erwartet, vom ganzen deutschen Volke. Und da gehe ein Ruf an uns im ganzen Vaterlande: Empor die Herzen zu dem gewaltigen, allmächtigen Gott und ein Gebet: Gott, der du uns so oft gnädig gewesen bist, bleibe bei uns, schenke uns deine Hilfe, gib uns den Geist der Hingabe, des Friedens, der Zucht, der Ordnung und der Liebe! Wir wollen uns zusammenschließen als ein Volk von Brüdern. Wir wollen ringen um das Teuerste, das uns eins machen kann. Herr, hilf uns, zeige uns deine Gnade!

Pfarrer Hardt betete dann das Vaterunser, die Musik spielte das Altniederländische: „Wir treten zum Beten." Tief ergriffen lauschte die Riesenmenge.[12]

Diese Mischung aus nationalen und religiösen Gestaltungselementen ist in den Wochen und Monaten des Jahres 1933 typisch. Sie sind alle zugegen: Vertreter von städtischen und staatlichen Behörden und Vertreter der evan-

---

[12] Br. 1, 38 ff.

gelischen und katholischen Geistlichkeit. Die beiden Ordnungsmächte Schutzpolizei und Hilfspolizei repräsentieren den neuen Staat, die Landjäger und Uniformierte mit Karabinern und mit Stahlhelmen den neuen Wehrwillen. Ein Pulk der alten und neuen Fahnen symbolisiert die Versöhnung der preußisch-deutschen Tradition mit dem Staat der „Nationalen Revolution" unter Führung der nationalsozialistischen Partei. Die religiöse Tradition ist durch bekannte Musikstücke präsent: der Ambrosianische Lobgesang; „Wir treten zum Beten" und „Ich hab mich ergeben". Zwei evangelische Pfarrer sind die „Hofprediger" der neuen Mächte. Ihre Worte stehen in der langen Tradition der vaterländischen Predigten und nationalreligiösen Ansprachen, die die politischen Wünsche der Anwesenden in Gebete zu Gott kleiden, der Gnade für die Zukunft geben soll. Gottes Wege in der Geschichte mit den Deutschen sind das bevorzugte Thema, nicht die Inhalte einer an Schrift und Bekenntnis gebundenen Verkündigung. Diese hätten jede nationale Jubelfeier empfindlich gestört.

Am Abend des Potsdamer Tages gab es noch einen Fackelzug mit Vorbeimarsch der nationalen Verbände an den neuen politischen Größen der Stadt.

Am Tag des Judenboykotts am 1. April, der von der NSDAP organisiert wurde, erließ die Stadtverwaltung unter dem späteren Oberbürgermeister Dr. Piclum einen Aufruf:

Die im Auslande überhandnehmende jüdische Gräuelhetze veranlasst mich, die Beamtenschaft zum Teilnehmen am Abwehrkampf aufzurufen.

Der Kampf gilt in erster Linie den Warenhäusern, Einheitspreis- und sonstigen jüdischen Unternehmungen. Jegliche behördliche Bestellung bei diesen hat sofort zu unterbleiben. Ferner mache ich es jedem Beamten zur besonderen Pflicht, in seinem Privatleben durch Meidung der jüdischen Geschäfte bei Einkäufen diesen Abwehrkampf zu unterstützen.[13]

Vor den jüdischen Kaufhäusern, vor den Läden, vor den Arzt- und Rechtsanwaltspraxen zogen Angehörige der Partei und ihrer Unterorganisationen auf, um den Protest gegen die ausländische Hetze gegen den Umgang mit den Juden in Deutschland durch Boykottmaßnahmen gegen die angeblichen Anstifter des internationalen Protestes zu dokumentieren.

Der 1. April war auch der Geburtstag des Reichskanzlers Otto von Bismarck. In vielen Vereinen und Verbänden hat man seiner gedacht und ihn als Ahnherrn des neuen Reiches gefeiert. Die Geschichtslinie von Luther über Friedrich den Großen und Bismarck hin zu Hitler wurde Bestandteil des

---

[13] Br. 1, 40

zeitgenössischen Geschichtsbewusstseins. Bei dem „Bismarck-Kommers des Allgemeinen deutschen Waffenringes" hielt Dr. Martin Siebold (1898-1970) einen Vortrag über das Fronterlebnis und die Erziehung der Jugend zum Heldischen. (Brau, 32)

Am Bismarckturm im Stadtpark gab es einen zentralen Festakt der „Arbeitsgemeinschaft vaterländischer Vereine und Verbände" mit einer Rede des Wattenscheiders Dr. Ende. Drei Tage später verlieh die Nachbarstadt Wattenscheid das Ehrenbürgerrecht an Hitler.

Zuvor hatte es am 26. März auf der Hauptversammlung des Bochumer Krieger- und Landwehrvereins, der die Erinnerung an die deutschen Kriege pflegte und den Gedanken der allgemeinen Wehrpflicht nie aufgegeben hat, einen Vortrag über den Luftschutz gegeben. Er wurde in den folgenden Jahren ein Standardthema. Dass man sich auf einen neuen Krieg vorbereiten müsse, war trotz aller offiziellen Friedensbeteuerungen die Erwartung vieler, für die das Versailler Diktat die nationale und seelische Wunde war.

Innerstädtisch haben wir von April bis September die Welle der Selbstgleichschaltungen Bochumer Vereine und Verbände sowie die Gleichschaltungen durch die Partei. Die Berufsverbände mit ihren Kammern und Innungen hatten ihren jüdischen Mitgliedern durch Veränderungen ihrer Satzungen die weitere Mitarbeit verwehrt und sich später aktiv an den Arisierungen jüdischen Besitzes und an der Übernahme privater beruflicher Positionen beteiligt. Diese Selbstgleichschaltungen vor der staatlich verordneten Gleichschaltung dürfte ein Indiz sein für die weite Zustimmung des städtischen Mittelstandes für die „nationale Revolution" unter der Führung der NSDAP.

Die Osterbotschaft des Evangelischen Oberkirchenrates (EOK)

Die NS-orientierten Pfarrer und Gemeindeglieder erhielten allerhöchste Unterstützung durch die Osterbotschaft des Oberkirchenrates der Evangelischen Kirche der Altpreußischen Union (EOK) vom 11. April:

Die Osterbotschaft von dem auferstandenen Christus ergeht in Deutschland in diesem Jahre an ein Volk, zu dem Gott durch eine große Wende gesprochen hat.

Mit allen evangelischen Glaubensgenossen wissen wir uns eins in der Freude über den Aufbruch der tiefsten Kräfte unserer Nation zu vaterländischem Bewusstsein, echter Volksgemeinschaft und religiöser Erneuerung ...

In der Überzeugung, dass die Erneuerung von Volk und Reich nur von die-
sen Kräften (den Kräften des Evangeliums) getragen und gesichert werden
kann, weiß die Kirche sich mit der Führung des neuen Deutschland dankbar
verbunden. Sie ist freudig bereit zur Mitarbeit an der nationalen und sittlichen
Erneuerung unseres Volkes.[14]

Das Ja zur „Regierung der nationalen Konzentration" unter dem Reichskanzler Hitler war auf der Ebene der Kirchenleitungen der einzelnen Landeskirchen die Normalität geworden. Auch die Männer der sich langsam bildenden Bekennenden Kirche (BK) haben nationalpolitisch gleich oder ähnlich
gesprochen wie die Deutschen Christen. Der Konflikt wurde ein theologischer
und kirchenpolitischer Konflikt. Der Innen- und Außenpolitik Hitlers hat
der deutsche Protestantismus in den Anfängen des Dritten Reiches über alle
kirchlichen Gruppierungen hinweg mehrheitlich zugestimmt. So war es auch
in Bochum.

Natürlich wird am 20. April der 44. Geburtstag des Führers unter Assistenz
des Städtischen Orchesters unter dem bekennenden Nationalsozialisten Le-
opold Reichwein und des Männergesangvereins „Schlägel und Eisen" gefeiert. Gauleiter Wagner hielt im Schützenhof eine Ansprache, abends gab es
einen Fackelzug durch Bochum mit einer Rede des Hattinger SA-Führers
Schepmann.

Vorher war am 12. April dem Führer der Ehrenbürgerbrief der Stadt Bochum verliehen worden.

Die Zahl der Gedichte auf Hitler in kirchlichen Gemeindeblättern wie der
Gebete für Hitler in Gottesdiensten ist kaum zu zählen. So dichtet ein Mis-
sionsdirektor:

„Wir folgen treugesinnt" Ein Lied für Hitler

Ein Ruf erscholl, als wir in Not und Sorgen
Am Boden lagen, dröhnend durch die Nacht:
Du deutsches Volk, erwache endlich, es wir Morgen,
der Tag bricht an der Freiheit und der Macht!

Es ist ein Führer uns von Gott gegeben;
Er stürmt voran, wir folgen treugesinnt.

---

[14] Van Norden, 60

Es geht durch Nacht und Tod hindurch zu Licht und Leben;
Es wird nicht Ruhe, bis wir Sieger sind.

Das Volk erwacht, die Ketten krachend brechen.
Der Jubel braust, er fegt die Gassen blank.
O Deutschland, aller Herzen sollen einig sprechen:
Herr Gott im Himmel, dir sei ewig Dank! [15]

Der 1. Mai 1933

Am Vorabend des 1. Mai, der zum Staatsfeiertag erklärt worden war, gab es in der Christuskirche einen „festlichen Gottesdienst der evangelischen Arbeitsdienstlager" und für die Evangelische Jugend empfahl der Reichswart Dr. Stange (1888-1972) für den 1. Mai von 8 bis 9 Uhr eine Morgenwache. Stange witterte für seine evangelische Jugendarbeit volksmissionarische und pädagogische Impulse im Aufbaudienstdienst der neuen Volksgemeinschaft.

Am 1. Mai gab es morgens überall Betriebsversammlungen. Im Innenhof des Rathauses hielt Oberbürgermeister Piclum eine zentrale Feier mit einer Abrechnungsrede über die „marxistischen Parteien" ab. Der Höhepunkt des Tages war in Bochum ein interkonfessioneller „Feldgottesdienst" auf dem Kaiser-Friedrich-Platz. Der *Bochumer Anzeiger* berichtete am 2. Mai:

Wohl noch nie sah der große Platz solche Menschenmassen wie gestern Vormittag. Von allen Seiten rückten die Bataillone der Arbeiterschaft und der Fachschaften an. Kopf an Kopf stand die Menge bis weit in alle Nebenstraßen hinein. Fahnen flatterten an allen Häusern ringsum. Die Sonne brach sich durch den Nebel Bahn und beleuchtete ein einzigartiges, festliches Bild. Betriebszelle auf Betriebszelle, Arbeitergruppen und Fachschaften in endlosen Reihen rückten heran, schmetternde Marschmusik erklang. Der feierliche Akt wurde mit einer Ansprache des Kreisleiters Meinert eröffnet, der mit Genugtuung feststellte, dass die neue Regierung das in wenigen Wochen fertiggebracht habe, was dem Marxismus in vierzehn Jahren nicht gelungen sei: die Einigung aller Schaffenden. Feierlich erklang das „Sanktus", von dem Gesangverein „Schlägel und Eisen" und „Gußstahlglocke" unter Rudolf Hoffmanns Stabführung vorgetragen. Dann erbrauste, von der Schutzmannkapelle begleitet, der Ambrosianische Lobgesang über den Riesenplatz.

---

[15] *Evangelisches Gemeindeblatt* vom 25.06.1933

Pfarrer Matthieu hielt die erste Ansprache von der Tribüne aus, vor der sich die Schutzpolizei und dahinter SA in langen Reihen aufgebaut hatten. Dieser 1. Mai, so führte der Redner aus, läute einen neuen Abschnitt in der deutschen Geschichte ein; das erwachende deutsche Volk begehe seinen ersten nationalen Feiertag. Die Nation stehe vor Gott, dem Leiter der Geschicke, der in unserem Volk die Stunde der nationalen Wiedergeburt habe aufbrechen lassen und es nun vor die Frage gestellt habe, ob es seine geschichtliche Aufgabe erkannt habe. Was unserem Volk bisher gefehlt habe, das Gefühl der Verantwortung vor Gott, das müsse es jetzt wieder beherrschen. Ohne Gott gebe es keine Gemeinschaft, kein Volk. Mit Gott und seinem Segen wollen wir die Volksgemeinschaft wiederaufbauen. Jeder Einzelne müsse jetzt erfassen, dass er Verantwortung trage: Arbeitgeber und Arbeitnehmer, Arbeiter der Stirn und der Faust, Landvolk und Industrievolk, sie alle müssten sich finden im Geist christlicher Bruderschaft. Der Arbeitgeber müsse in dem Arbeiter den Mitmenschen, den durch Christus erlösten Bruder sehen; der Arbeitnehmer müsse erkennen, dass er nicht losgelöst sein könne vom Volk und Vaterland, müsse die Verbindung suchen mit den anderen Ständen. Aufgabe der Kirche sei es, diese Bruderschaft, diese Volksgemeinschaft zu bauen, die Brücke zu schlagen zu den Verführten und Enttäuschten. Die Gottesfrage sei entscheidend für Aufstieg oder Untergang des Volkes. „Nation vor Gott", das solle die Losung sein. Mit innigem Gebet schloss die Ansprache, die tiefen Eindruck auf alle Hörer machte. Danach sprach der katholische Vikar Diekmann.[16]

Das hatte es in Bochum noch nicht gegeben: Die Maifeier wird als Feldgottesdienst gefeiert. Ein Pfarrer hält die Hauptrede. Er bekennt den geschichtshandelnden Gott mit der deutschen Nation. Das Volk müsse nun seine Antwort geben. Diese Antwort ist nichts anderes als das Programm der neuen Regierung: Aufhebung der Klassen- und Standesunterschiede, Arbeitsgemeinschaft zwischen Arbeitgebern und Arbeitnehmern, Aufbau einer bruderschaftlichen Volksgemeinschaft. Die Aufgabe der Kirche sei es, die Nation mit dem Gottesglauben zu durchdringen. Es ist dies das volksmissionarische Konzept der Deutschen Christen, das mit sozialkirchlichen Aufgaben verschränkt war:

Die soziale Arbeit der deutschen Evangelischen Kirche bejaht das Wunder des Volkwerdens in der nationalsozialistischen Revolution; sie will das neu erwachte und neu werdende Deutsche Volk mit dem Geist des Wortes Gottes erfül-

---

[16] Brau, 40 f.

len, damit ein neues völkisches und soziales Christuswollen in der gesamten Volksgemeinschaft zum Durchbruch kommt.[17]
Am Abend des 1. Mai gab es eine Großveranstaltung im Stadion an der Castroper Straße. Übertragen wurde die Rede Hitlers vor einer halben Million Menschen auf dem Tempelhof-Feld in Berlin. Sie schloss mit den Sätzen:
Wir wollen uns den Wiederaufstieg unseres Volkes durch unseren Fleiß, unsere Beharrlichkeit, unseren Willen ehrlich verdienen. Wir bitten nicht den Allmächtigen: Herr, mach Du uns frei!" – wir wollen tätig sein, arbeiten, uns brüderlich vertragen, miteinander ringen, auf dass einmal die Stunde kommt, da wir vor ihn hintreten können und ihn bitten dürfen: Herr, Du siehst, wir haben uns geändert, das deutsche Volk ist nicht mehr das Volk der Ehrlosigkeit, der Schande, der Selbstzerfleischung, der Kleinmütigkeit und Kleingläubigkeit, nein, Herr, das deutsche Volk ist wieder stark geworden in seinem Geiste, stark in seinem Willen, stark in seiner Beharrlichkeit, stark im Ertragen aller Opfer. Herr, wir lassen nicht von Dir, nun segne unseren Kampf um unsere Freiheit und damit um unser deutsches Volk und Vaterland.[18]

Diese polit-religiöse Sprache kam bei vielen Protestanten gut an. Hitler wusste sich als religiöser und an Gott glaubender Mensch und Volkskanzler darzustellen. Eine seiner großen Reden schloss er sogar mit – Amen. Er sprach die Sehnsüchte vieler Menschen nach einem Staatsmann an, der sich vor Gott verantwortlich wusste. Er benutzte traditionelle Redewendungen, die man seit Kaisers Zeiten nicht mehr gehört hatte. Die Zeit eines religionslosen Staates mit säkular sich verstehenden Parteien und Politkern schien am Ende zu sein.

Am 26. Mai wurde Friedrich von Bodelschwingh (1877-1946) zum Reichsbischof gewählt. Gegen ihn erhob sich sofort energischer Widerstand der Deutschen Christen (mit Ausnahme etlicher DC-Vertreter aus Westfalen), die den Wehrkreispfarrer Ludwig Müller (1883-1945), den Vertrauten Hitlers, zum Reichsbischof machen wollten. Sie verstanden sich als „die SA- und SS-Männer der Kirche", die nun auch von Deutschen Christen in engster Verbundenheit mit dem Volkskanzler geführt werden sollen. Auch die Bochumer Deutschen Christen optierten mehrheitlich für den ehemaligen Pfarrer und Marinepfarrer aus Westfalen, nun Wehrkreispfarrer in Königsberg.

---

[17] Van Norden, 193
[18] Friedrichs, 166

25

Treuegelöbnis evangelischer Jugend zum Führer

Am 29. Mai vollzog die evangelische Jugend Bochums ein „Treuegelöbnis zum Führer Adolf Hitler". Die *Rote Erde* berichtete:

Unter Führung von Pfarrer Niedermeier, Pfarrer Hevendehl, Pfarrer Menzel sowie des Direktors vom Arbeitsamt Dr. Kuhlo und der Arbeitsdienstlager Ruhrlandheim und Caroline versammelten sich am Samstagabend sämtliche Gruppen der evangelischen Jugendverbände Großbochums am Ruhrlandheim in Bochum-Querenburg zu einer erhebenden Gedächtnisfeier für den jüngsten deutschen Volkshelden Albert Leo Schlageter. Aus allen Bezirken stürmten bei Beginn der Dämmerung mit Musik und Fahnen und Wimpeln die Jungen und Mädchen von den Ruhrhöhen herab ins Tal, wo ein Feuerplatz errichtet worden war und die einzelnen Gruppen mit brennenden Fackeln um den Aufbau von Holzscheiten, die in der Dunkelheit als Gedächtnisfeier in Brand gesetzt wurden, Aufstellung nahmen.

Nach dem gemeinsamen Gesang des Horst-Wessel-Liedes hielt der Vertreter der evangelischen Kreisjugend, Pfarrer Niedermeier, die Gedächtnisrede für Albert Leo Schlageter, den tapferen Soldaten nicht nur des Weltkrieges, sondern auch der Nachkriegszeit, in der er überall den deutschen Volksgenossen in Not, sei es im Baltenland oder Oberschlesien, und schließlich auch der Ruhrbevölkerung in der schweren Besatzungszeit als Deutscher und Christ zur Seite stand. Wenn das unterdrückte Volk auch wehrlos zusehen musste, wie die französischen Kugeln diesen Helden hinstreckten, so ist doch das Blut dieses wahrhaft echten deutschen Mannes eine keimende Saat für den Freiheitswillen des ganzen deutschen Volkes geworden, dem der Führer Adolf Hitler zum Siege verholfen hat. Mit Adolf Hitler soll jetzt die Jugend am Aufbau des neuen Deutschlands arbeiten und stets dabei der Größe Albert Leo Schlageters eingedenk sein, der vor zehn Jahren für unsere Ruhrheimat den Tod hinnahm.

Nachdem die Versammelten eine Zeitlang in Schweigen verharrt hatten, gelobt die Jugend mit erhobenen Armen einhellig dem Volkskanzler Hitler mit dem Rütlischwur „Wir wollen sein ein einig Volk von Brüdern!"

Alsdann prasselten die brennenden Fackeln zwischen die Holzscheite und bald loderte eine mächtige Feuersäule zum Himmel empor. Der Gesang „Ein feste Burg ist unser Gott" und das Deutschlandlied beendeten die Feier. Tief bewegt machten sich dann im Scheine des weithin leuchtenden Feuers die Teilnehmer wieder auf den Heimweg mit dem Gelöbnis im brennenden Herzen, im Geiste Albert Leo Schlageters und Adolf Hitlers ihr Teil am Wiederaufstieg des geliebten deutschen Vaterlandes beizutragen.[19]

Hier wie auch anders machte es den Hitleranhängern unter den Protestanten keine inneren Schwierigkeiten, das Deutschlandlied, das Horst-Wessel-Parteilied und das Reformationslied bekennend zu singen. National- und Kirchengeschichte verschränkten sich bei ihnen zu einer bewusstseinsmäßigen Einheit.

Die evangelische Jugendarbeit mit Jungen und Mädchen spielte im Bochumer Gemeindeleben eine nicht geringe Rolle. Es gab Gruppen des männlichen und weiblichen CVJM, des Bundes Deutscher Bibelkreise, des Evangelischen Mädchenwerkes und vieler anderer christlicher Kleingruppen wie die weiblichen und männlichen Christlichen Pfadfinder. Ein besonderes Gepräge hatte die bündisch geprägte Jugendarbeit unter Dr. Siebold in der Altstadtgemeinde. Es gab Freischaren und Fähnleins und viele Sippen. Bei einer Sonnenwendfeier und einem Thing kamen „304 Mann" zusammen. Die Aktivitäten der Jugendgruppen auf den verschiedensten Feldern und mit verschiedenen Themen stehen der Gemeindearbeit der Erwachsenen in keiner Weise nach. Ihre Bereitschaft, als junge Christen sich für den neuen Staat zu engagieren, war für die meisten Gruppierungen der evangelischen Jugend selbstverständlich. Der Tenor: „Alle Deutsche glauben nur an einen Gott und der Nationalsozialismus wird die deutsche Jugend zum tiefen Glauben an diesen Gott erziehen."[20] In den ersten Monaten des Jahres 1933 hat es kaum Übertritte von der Evangelischen Jugend in die Hitlerjugend gegeben. Im Sommer und Herbst sollte das im Zuge der Jugendpolitik des Reichsjugendführers Baldur von Schirach anders werden. Noch glaubte die Evangelische Jugend an ein kameradschaftliches Zusammengehen mit dem Jungvolk, der Hitlerjugend und dem Bund Deutscher Mädel. Verstand sie sich doch als volksmissionarische Spitze unter der Jugend im Dienst des Dritten Reiches.

Frühe Begegnungen von Evangelischer Jugend und Hitlerjugend waren nicht selten. Sie machten gemeinsame Fahrten, Lager und Feierstunden. Dazu ein Bericht:

Dass deutsche Jugend zusammengehört, ganz gleich, welcher staatlich anerkannten Jugendgruppe sie angehört, bewies am Sonntag ein gemeinsamer Ausflug einer Schar der Hitlerjugend mit dem Christlichen Verein Junger Männer. Nach Spielen lagerten beide Gruppen und die Führer betonten den Willen zur Zusammenarbeit zum Besten unseres Volkes und Vaterlandes. Ein jeder

---

[19] Brau, 52 f.
[20] Ebd., 87

27

möge sich seiner großen Aufgabe in Treue und Selbstverleugnung bewusst werden. Das Singen des Deutschlandliedes und des Horst-Wessel-Liedes verband beide Gruppen und in einem dreifachen Sieg-Heil auf die Führer unseres Volkes fand dieses Zusammensein seinen Abschluss. Mit Trommelklang, Flötenspiel, schneidigen Liedern und wehenden Fahnen ging es gemeinsam zur Stadt zurück. Im Ernst-Moritz-Arndt-Haus wurde der Tag mit dem Absingen des Zapfenstreichliedes beschlossen. Möge deutsche Jugend sich immer mehr bewusst werden, dass sie als Jugend eines Volkes zusammenstehen muss.[21]

Die Bücherverbrennung

Dieses anfängliche Einvernehmen zeigte sich bei dem nächstes Großereignis am 9. Juni in Bochum: der Bücherverbrennung. Im Zeitungsbericht hieß es:

Am Freitagabend marschierte die gesamte Jugend Bochums unter Führung der Hitlerjugend auf dem Kaiser-Friedrich-Platz auf, um in einer selten einmütigen und geschlossenen Front Protest zu erheben gegen Ungeist, Charakter- und Ehrlosigkeit jüdischen und volksfremden Literatentums, gegen den marxistischen Kulturverfall und sich zu bekennen zu einem sauberen, kräftigen, volksverbundenen deutschen Schrifttum.

Der großen Kundgebung voraus ging ein Marsch durch die Straßen Bochums … An der Spitze des endlosen Zuges marschierte der Spielmanns- und Musikzug der Bochumer Hitlerjugend. Dann folgte eine Fahnenabteilung mit den Bannern des Unterbanns. Nach den etwa tausend Hitlerjungen und ebenso viel Jungvolk, die im strammen Tritt unter dem Gesang von Kampf- und Wanderliedern durch die Straße zogen, kamen evangelische Jugendverbände, die stark vertreten waren, Lehrlingswerkstätten Bochumer Fabriken, Bergjungmannen und Schulen. Den Schluss des Zuges bildeten etwa 500 Mann des Freiwilligen Arbeitsdienstes aus Querenburg, Langendreer, Höntrop und vom Wienkopp. Der gesamte Freiwillige Arbeitsdienst Bochums war also angetreten.

Vor der Bücherverbrennung deklamierte ein Sprecher der Hitlerjugend:

„Wir deutsche Jugend der nationalsozialistischen Revolution bekunden an diesem Abend unseren festen Willen, allen undeutschen und fremden Geist auszurotten. Dem Feuer und der Vernichtung soll anheimfallen, was als kümmerlicher Rest vierzehnjähriger Marxistenherrschaft übrig geblieben ist. Zu

---

[21] Br. 1, 52

Asche verfallen sollen deshalb die Schriften des Ungeistes, der Unmoral und der Charakterlosigkeit."

In die Flammen warf man die Werke von Karl Marx, Friedrich Engels, Wilhelm Foerster, Carl von Ossietzky, Alfred Kerr, Thomas Mann und Magnus Hirschfeld. Auch Bände des Volksblatts und des Bergarbeiterverbandes wurden ins Feuer geworfen. Weiter heißt es:

Dem Feuer wurde ferner eine marxistische Büchersammlung des ehemaligen sozialdemokratischen Arbeitsamtsdirektors Thöne[22] übergeben. Auch die Büchereien der Ruhrknappschaft und der städtischen Schulen waren gesäubert worden.[23]

Diese gemeinsame Aktion der Hitlerjugend mit der Evangelischen Jugend zeigt, wie nahe sie sich politisch und mental waren. Das kirchliche Schrifttum hatte schon lange einen Schwerpunkt in der Bekämpfung des Marxismus und des sogenannten „Kulturbolschewismus". Der gemeinsame Feind stand unterschiedslos links.

Die Evangelische Jugend nahm im Laufe des Jahres die Sport- und Wehrertüchtigung in Parallele zur Hitlerjugend in ihr Aktionsprogramm auf. Das Gemeindeblatt berichtete:

Am vergangenen Sonntag fand das zweite Thing der EJ in Form eines Sporttages auf den Ruhrlandwiesen statt. Diesmal war uns ein herrlicher Tag ohne den üblichen Regen beschert. Um 7.30 Uhr starteten etwa 60 Jungen zum Gepäckmarsch, der über die Wittener und Kleinherbeder Straße bis zur alten Holzbrücke in Herbede führte. Die erzielten Leistungen waren sehr erfreulich. Um 10 Uhr waren dann alle Gruppen und Stämme auf der Wiese unterhalb des Ruhrlandheims versammelt. In langer Reihe waren 350 Jungens angetreten. Die Führer meldeten dem Jugendführer, der die Front abschritt. Dann hielt Pastor Volkenborn eine Morgenfeier mit einer zu Herzen gehenden Ansprache. Nach kurzer Mittagspause begannen die Wettkämpfe. Das Keulenwerfen übte besondere Anziehungskraft aus. Steinstoßen und 100-Meter-Lauf waren Einzelkämpfe. Als Gruppenkämpfe wurden Staffelläufe, Hindernislauf, Zeltbau, Wettsingen usw. durchgeführt. Bei der Siegerverkündigung am Schluss des Tages gab es gruppenweise lauten Jubel mit Trommel- und Fanfarenbegleitung. Der Rückmarsch erfolgte geschlossen durch die Stadt bis zum Vereinshaus.[24]

Außer der Morgenandacht glich dieses Programm jedem HJ-Lager. Die Konkurrenzsituation zur Staatsjugend ließ die evangelische Jugendarbeit zu-

---

[22] Wilhelm Thöne wurde am 21. Juli, wie die Zeitung berichtet, in Schutzhaft genommen.
[23] Br. 1, 38
[24] Brau, 91

nehmend Elemente ihres vormilitärischen Programms aufnehmen. Bibelarbeit, Singearbeit und Aussprachen über religiöse und theologische Themen gerieten immer mehr an den Rand. Auch das Interesse an christlicher Literatur und an christlicher Laienspielarbeit ging zurück. Natürlich hat es auch hier Ausnahmen gegeben, aber der Angleichungsprozess an die politische Staats- und Parteijugend entwickelte ein Eigengewicht.

Deshalb erstaunt es nicht, dass ab November 1933 immer mehr Jungen aus der Evangelischen Jugend feierlich in die Hitlerjugend aufgenommen wurden. Am 19. Dezember vereinbarten Baldur von Schirach und Reichsbischof Müller die Überleitung der Evangelischen Jugend in die Hitlerjugend. In der Vereinbarung heißt es:

1. Das Evangelische Jugendwerk erkennt die einheitliche staatspolitische Erziehung der deutschen Jugend durch den nationalsozialistischen Staat und die HJ als Träger der Staatsidee an. Die Jugendlichen des Evangelischen Jugendwerkes unter 18 Jahren werden in die HJ und ihre Untergliederungen eingegliedert. Wer nicht Mitglied der HJ wird, kann fürderhin innerhalb dieser Altersstufen nicht Mitglied des Evangelischen Jugendwerkes sein.

2. Geländesportliche (einschließlich turnerische und sportliche) und staatspolitische Erziehung wird bis zum 18. Lebensjahre nur in der HJ getätigt.[25]

Es war das Ende der Selbstständigkeit der kirchlichen Jugendarbeit. Die Szene der bunten evangelischen Jugendarbeit verschwand aus dem Stadtbild Bochums. Die immer wieder proklamierte kameradschaftliche Zusammenarbeit mit der HJ und die immer wieder verkündete Bereitschaft, dem Staat in eigenständiger Verantwortung für die religiöse Erziehung der Jugend zu dienen, erwiesen sich schon am Ende des Jahres 1933 als eine der großen Illusionen aus der Frühzeit des NS-Systems.

Das Ruhrlandheim mit neuer Aufgabe

Als der Freiwillige Evangelische Arbeitsdienst zugunsten eines Reichsarbeitsdienstes aufgelöst wurde, musste auch dem Ruhrlandheim eine andere Aufgabe zugewiesen werden. Am 15. Oktober wurde es seiner neuen Bestim-

---

[25] Carsten Nicolaisen: Dokumente zur Kirchenpolitik des Dritten Reiches, Band 1: Das Jahr 1933, München 1971, 183

mung als evangelisch-kirchlicher Schulungsstätte, als Tagungs- und Erho-
lungsstätte feierlich übergeben. Eröffnet wurde es mit einem Volkshochschul-
lehrgang mit dem Thema: „Der deutsche Mensch und die drei Artikel des
christlichen Glaubens". Ein Pfarrer merkte an:

*Weltanschauliche Schulung im echt evangelischen Sinne Luthers tue in
dieser Zeit besonders not. ... Die heutige Zeit sei der Beginn einer ganz neuen
Zeit, nicht nur politischer, wirtschaftlicher, sondern auch geistiger und geist-
licher Art. Die neue Zeit des Nationalsozialismus sehe in der Religion nicht nur
eine subjektive Gläubigkeit, sondern eine Bindung an die letzten und zugleich
höchsten Ziele, an den lebendigen Gott.*[26]

Dank an die SA

Kirchliche Stellungnahmen aus der Frühzeit des neuen Staates betonen immer wieder die Dankbarkeit für die SA, die den möglichen Zugriff des Bolschewismus auf die Kirchen verhindert habe. Der „braune Mann" habe die
Kirche gerettet. Das erklärt die Bereitschaft vieler Pfarrer, besondere SA-Got-
tesdienste oder Feldgottesdienste zu halten. Massentrauungen aus der Kirche
ausgetretener und jetzt wieder eingetretener Parteigenossen waren nicht selten, häufig verbunden mit Taufen von Kindern. Aber auch bei SA-Veran-
staltungen sind Pfarrer im Talar zu finden, so bei der Einweihung einer SA-
Führerschule auf dem Gelände der alten Zeche Gibraltar in Bochum-Stiepel
an der Ruhr durch den SA-Standartenführer Otto Voß. Die Zeremonie begann
mit einer

*schlichten Morgenfeier, die als Feldgottesdienst gedacht war. Die Anspra-
che hielt Pfarrer Matthieu über das Führerprinzip, das heute wieder stärker als
je zuvor in den Vordergrund aller Betrachtungen gerückt sei. Dieses Prinzip sei
nicht etwa heidnisch, wie manche zu glauben scheinen, sondern es sei durchaus verwurzelt im Evangelium und darum eine heilige christliche Sache. Der
Redner sprach dann über das Wort aus Johannes von dem Hirten, dem Führer, der sein Leben lässet für die Schafe. Die Standarte sang den Choral „Großer Gott, wir loben Dich". Die SA-Kapelle spielte den Pilgerchor aus Tann-
häuser. Die Feier unter freiem Himmel endete mit Gebet und Segen und war
ein weihevoller Auftakt für den zwischen 11 und 12 Uhr folgenden Aufmarsch
der Standarte, ihre Begrüßung durch die Führer und Ehrengäste, die Flaggen-*

---

[26] Brau, 111

hissung und die Inbesitznahme der Führerschule nach der offiziellen Schlüsselübergabe durch Standartenführer Voß.[27]

Der Zeitgeist war für diesen Pfarrer aus der Altstadt so mächtig, dass er Jesus zum Hirten und Führer und dessen Hingabe für die Seinen als Vorbild für die neue Zeit machen konnte. Man konnte in der Tat Jesus so „modern" charakterisieren und predigen, dass er sich zum politischen Kombattanten machen ließ. Jesus in zeitgenössischer Interpretation, Jesus in politischer Instrumentalisierung, Jesus als Bannerträger für eine neue Zeit – diese Versuche finden sich zuhauf. Sowohl die im Studium gelernte historisch-kritische Methode in der Auslegung der Schrift wie die Inhalte der reformatorischen Bekenntnisse verflüchtigten sich bei etlichen Pfarrern angesichts der eigenen politischen Sehnsüchte zu einer emotionalen aktuellen Religiosität.

Illustriert werden kann dies an einer schon im April gedruckten Bibelauslegung von Johannes 10 des Ümminger Pfarrers Hermann Kromberg (DC):

Der Führer und seine Leute ... Der Führergedanke ist ja in unseren Tagen neu entdeckt. Wir hören Millionen mit Ehrfurcht sprechen: Unser Führer! Wir sehen sie bereit und entschlossen, dem Führer zu folgen mit Gehorsam ohne Vorbehalt. Als deutsche Menschen haben wir mit hoher Freude diese Wandlung in unsrer Mitte erlebt ... Da spricht einer, dass er der Führer der Menschheit sei – der Führer ohne Einschränkung. Ich bin der gute Hirte – der höchste Führer – der, welcher das letzte Wort zu sprechen hat in allen Fragen, welche das Leben gestalten, welche die Richtung des Lebens bestimmen, der Führer, der das Arbeiten regelt und das Rasten, der Ordnung und Versorgung sicherstellt, der Angriff und Verteidigung befiehlt – und der nur seiner göttlichen Sendung verantwortlich ist ... Wir schließen uns aufs Neue mit heiligem Entschluss diesem Führer Jesus Christus an. Wir treten unter seine Fahnen. Welch ein Herr! Welch ein Herr! Ihm zu dienen, welch ein Stand![28]

Hier werden der Führer Adolf Hitler und der Führer Jesus Christus in die größte Nähe gebracht. Später im Juni sollte es in der *Sozialen Botschaft* der Deutschen Christen heißen:

Die Deutschen Christen sind die SA Jesu Christi im Kampf zur Vernichtung der leiblichen, sozialen und geistlichen Not. Sie sind alle Kameraden in der Front des Christlichen und Nationalen Sozialismus. Sie marschieren mit der Losung: „Deutschland durch Christus – ein Volk Gottes!"[29]

Dieser Jesus Christus will genau das, was der Führer will.

---

[27] Br. 1, 41

[28] Brau, 39

[29] Van Norden, 190

Es gab eine Unmenge von nationalen Feiern in Bochum. Zu beobachten ist, dass fast immer evangelische Pfarrer als Festredner dabei waren und zwar nicht nur die DC-Pfarrer, sondern auch Pfarrer der späteren Bekennenden Kirche.

Gedenkfeier am 9. November 1933

Der „Hofprediger" der Bochumer NSDAP war der Pfarrer Dr. Martin Siebold (1898-1970) aus der Altstadtgemeinde. Wie er und mit ihm viele Pfarrer und Gemeindechristen gedacht haben, zeigt seine Gedenkrede zum 9. November:

Der 9. November 1918 brachte uns den Verlust der Freiheit und der Ehre, an ihm wurde das Heer der Toten verraten, das Heer der zwei Millionen Gefallenen verkauft, nicht einmal ihr Andenken blieb heilig. Am 9. November 1923 waren es deutsche Männer, die diese Schmach abwaschen wollten, die ihr Leben dafür einsetzten, in der Hoffnung, deutsche Not noch bannen zu können. Und wiederum sei es Verrat gewesen, der zum Verderben ausschlug. 16 Männer, die ihrem Führer auch in dieser Stunde die Treue hielten, fielen den Kugeln zum Opfer. Ein Gottesgesetz in der Geschichte will, dass es nur zum Sterben zum Siege geht, und der Held, der Starke, schließlich doch das Feld behält. So ist die Fahne der nationalsozialistischen Bewegung zur Blut- und Siegesfahne geworden. Nur da wird wahrhaft das Leben gewonnen, wo die Bereitwilligkeit vorhanden ist, das Leben opfernd hinzugeben. So liegt der letzte Sinn darin, die Schmach des 9. November, des Verrats unserer Helden, zu sühnen durch das Bekenntnis zu den Toten, deren Kämpfen und Sterben wir damit die letzte Weihe geben. Das Dritte deutsche Reich beruht auf dem Opferblut der Besten unter uns. Darum sind wir Lebenden es unseren Toten schuldig – den Feldgrauen da draußen im Feindesland, den Braunen in heimischer Erde –, ihr Andenken zu ehren; sind wir es schuldig, ihnen ein Ehrenmal zu setzen in der Brust eines jeden Deutschen. So sei diese Feier keine bloße Erinnerungsfeier, sondern ein lebendiges Bekenntnis zu dem Geist unserer erschlagenen Brüder. Die Feldgrauen, die für Heimat und Vaterland starben, die jungen braunen Soldaten, die gegen Mord und Terror der Kommunisten und Marxisten täglich und stündlich ihr Leben einsetzten, dem Führer folgten in freudiger Pflichterfüllung, sie sind uns leuchtendes Vorbild. Welche Größe liegt darin, um des Volkes Zukunft willen das eigene junge Leben aufzuopfern! Wer sein Leben für andere

33

lebt, für andere stirbt, wird auch vor dem Thron des lebendigen Gottes Anerkennung finden. Denn niemand hat größere Liebe denn der, der sein Leben lässt für seine Brüder. So bekennen wir uns am 9. November voller Dankbarkeit zum Leben und Sterben der Toten. Wenn wir in diesen Tagen das Neuwerden unseres Volkes erleben, so wollen wir erkennen, dass es eine Frucht der Blutsaat ist, die uns heilige bindende Verpflichtungen auferlegt, die unsere Treue, unsere Opferfreudigkeit fordert, die Bereitschaft, für Deutschland zu leben und zu sterben. So möge der Geist über uns kommen und uns den Weg des Opfers weisen als den Weg zur Zukunft unseres Volkes. Im Vertrauen zu dem gottgesandten Führer, zum Dritten Reich, im Geiste wahrer Volksgemeinschaft. Jedes Leben, das sich nicht verbraucht im Dienste am Ganzen, ist Raub am Ganzen. Wer sein Volk liebt, beweist es einzig durch die Opfer, die er zu bringen bereit ist. So überwinden die Toten die Lebenden. Das Heer der Toten marschiert in diesen Tagen in unseren Reihen mit. Von ihrem Geist erfasst, können wir die Schmach von 1918 abwaschen und uns unter unseren gottgesandten Führer stellen, mit ihm ringen für Ehre und Gleichberechtigung, leben, streiten für ein friedliches deutsches Drittes Reich.

Im Zeitungsbericht heißt es dann weiter:

Die von Herzen kommenden und zu Herzen gehenden Worte des Redners hinterließen tiefen Eindruck, der noch verstärkt wurde durch das von Gerhard Meinecke mit innerer Bewegung vorgetragene Requiem von Hebbel. Das Orchester schloss die erhebende Gedenkstunde mit dem „Ave verum corpus" von Mozart, dann verließ ernst und im Innersten tief ergriffen die große Gemeinde nach dem Gesang des Horst-Wessel-Liedes den Saal. Der Toten Vermächtnis mitnehmend ins Leben, in den Kampf um Deutschlands Ehre, Gleichberechtigung und Freiheit.[30]

Diese Rede eines promovierten Pfarrers ist ein Beispiel für eine religiöse Weiherede, die die deutsche zeitgenössische Geschichte interpretiert von der „Wende" des 30. Januar und des 5. März 1933 her. 1918 ist Verrat an den Toten des Weltkrieges, 1923 ein heroischer Aufstand gegen die Novemberverbrecher und 1933 die Neugeburt eines neuen Reiches. Die Weltkriegsgefallenen werden in toto als Blutsaat des Dritten Reiches verstanden. 1933 ist die Sühne für 1918-1932. Es kommt die Zeit, wo die alten deutschen Tugenden wie Treue, Dienst- und Opferbereitschaft für das Vaterland wieder ihre Bedeutung haben.

---

[30] Br. 1, 42 ff.

Neben den Helden des großen Krieges werden die Toten, die für den Nationalsozialismus und für ihren Führer ermordet worden sind, als Märtyrer der Bewegung gefeiert. Sie haben dem Kommunismus und dem Marxismus widerstanden.

Kein nationalsozialistischer Feierredner hätte nationalsozialistischer reden können als dieser evangelische Pfarrer, der unbekümmert um Inhalte einer christlichen Verkündigung eine Totalidentifizierung mit dem politischen Stil und mit der Geschichtsschau des siegreichen Führers vollzieht. Nicht die Spur einer Distanz und nicht der Ansatz einer differenzierteren Analyse ist zu entdecken. Aber gerade deshalb war diesem „braunen Pastor" die Zustimmung seiner gleichgesinnten Zuhörerschaft sicher. Es gibt keine größeren oder kleineren nationalen und nationalsozialistischen Gedenkfeiern, bei denen er nicht im Talar zugegen gewesen wäre. Das Beieinander von Kreuz und Hakenkreuz war ihm nie ein Problem. Die Feinde des Hakenkreuzes waren für ihn die Feinde des Kreuzes.

Es kann nach allen Zeugnissen, die wir haben, keinen Zweifel daran geben, dass die öffentliche Optik und Akustik in den ersten Monaten des Jahres 1933 der deutschnationalen Tradition des kirchlichen Protestantismus gehört hat, nun immer mehr verschränkt mit nationalsozialistischen Intentionen und Inhalten. Die aktiven DC-Pfarrer bestimmen das öffentliche Bild der Kirche vor Ort. Von den 40 Bochumer Pfarrern sind 16 Mitglieder der Deutschen Christen und etliche deren politische Sympathisanten. Sie organisieren eine umfangreiche Versammlungstätigkeit in den Gemeinden und in den übergemeindlichen Vereinen und Verbänden. Sie haben keine Probleme, auch in Gottesdiensten sich als Anhänger Hitlers zu zeigen. Hitlerbilder in Gemeindehäusern und Hitlerbilder auf Altären sind keine Seltenheit.

Die Bochumer Deutschen Christen holten viele Redner ihrer Bewegung nach Bochum. So sprach im September 1933 der Provinzialleiter Pfarrer Bruno Adler (1896-1954), später Bischof in Münster, über die Rolle der evangelischen Nationalsozialisten. Für ihn war der „Nationalsozialismus ein Gnadengeschenk Gottes an unser deutsches Volk". Und er fuhr fort: „Wir sind Kämpfer einer Freiheitsbewegung, die von Gott kommt und können keine Kirche ertragen, die sich als etwas anderes darstellt."[31]

Die Tendenz war klar: Wer evangelischer Christ ist, kämpft für eine nationalsozialistisch orientierte und nach völkischen Prinzipien organisierte Kirche. Das Ziel war die Selbstgleichschaltung der Kirche mit dem NS-System.

---

[31] Brau, 126 f.

35

Die Gründung der Evangelischen Akademie

Auch auf dem Bildungssektor wurden die Deutschen Christen in Bochum aktiv. Sie gründeten am 4. November in einer Festveranstaltung in der Verwaltungsakademie die „Evangelische Akademie". Lic. Dr. Siebold, der der erste Akademiedirektor wurde, begrüßte die anwesende Prominenz aus Partei, Stadt und Staat.

Bruno Adler, inzwischen Bischof in Münster, eröffnete in dunkler Dienstkleidung mit einem Bischofskreuz um den Hals und einem EK I auf der Brust die Akademie mit einem Vortrag über ihre Aufgaben in der neuen politischen und religiösen Situation: „Die Evangelischen Akademien sollen ein Ausdruck sein für den Willen der Kirche zur Volksmission, zum höchsten Dienst an der wahren Volksgemeinschaft." Volksmission war für die Deutschen Christen das große Arbeitsfeld im Dienst einer vom Christentum bestimmten Volksgemeinschaft. In diesem Sinne begrüßte ein hoher Parteisekretär die Akademien „als getreue und wertvolle Bundesgenossen im Kampfe um die Seele des deutschen Volkes".[32]

Der inhaltliche und emotionale Höhepunkt wurde die Rede von Pfarrer Dr. Klein (1891-1974) aus Plettenberg, der Anfang 1934 als Pfarrer in die Melanchthongemeinde Wiemelhausen kommen sollte. Ein Zeitungsbericht gibt seinen Vortrag wieder:

Atheismus, Liberalismus, Individualismus, Materialismus seien vergangen. Das Alte sei vergangen, das Neue komme herauf. Es habe ganz andere Begriffe sogar vom Leben und Sterben und greife tief in das Volksleben. Ein Zeitalter der Tat breche an, in dem der Einzelne für das Volksganze zu stehen habe. Der Nationalsozialismus bedeute eine neue, große, deutsche Reformation. Eine Umwälzung, wie sie vor fast 2.000 Jahren geistig durch Christus für die Welt eingeleitet wurde, wie sie Luther in Deutschland heraufführte, als er das Evangelium neu errang für seine Deutschen. Das deutsche Volk stehe jetzt unter Hitler vor einer großen evangelischen Aktion , die aber nichts zu tun habe mit konfessionellem Streit oder irgendwelchem Ämterschacher, sondern ihre Kraft und Bedeutung nehme allein aus dem Evangelium. Die Evangelischen Akademien sollen nichts zu tun haben mit dialektischer Theologie, auch nichts mit Wissenschaft, sondern nur mit dem tätigen Glauben, nur mit dem praktischen Leben. Ein Christ sein und zur irdischen Glückseligkeit kommen könne man ohne Wissenschaft und sogar ohne Theologie, nur durch den Glauben.

---

[32] Brau, 163 ff.

(Lautes Bravo) Zu solcher Arbeit gebe Gott sein Vollbringen.[33]
Gewaltig sind die historischen Bögen, die der Referent schlug. Die Umwälzung von 1933 vergleicht er mit Jesu Auftreten vor 2.000 Jahren und mit Luthers Tat vor 500 Jahren. Er sieht im Nationalsozialismus den Anbruch eines neuen Zeitalters, das die Irrwege der philosophischen und theologischen Moderne überwinde. Wenn er für einen tätigen Glauben ohne wissenschaftliche Theologie plädiert, dürfte das ein Pendant zum nationalsozialistischen Vitalismus und Aktionismus sein. Glaube löst sich auf in völkische Gläubigkeit und in Engagement für eine ganz andere Welt, für einen ganz anderen Staat und für eine ganz andere Gesellschaft.

Der Studentenpfarrer Lic. Wilhelm Lotz (1900-1970) aus Münster hat am 28. November den ersten Vortrag in der Akademie gehalten. Sein Thema: „Der evangelische Mensch im nationalsozialistischen Staat". Lotz kam als Nachfolger von Siebold, der im Oktober 1933 einen Dienstauftrag im Evangelischen Konsistorium in Münster bekam und im März 1934 Propst in Münster wurde, in die Altstadtgemeinde. Lotz, Paul Schmidt II (1877-1957) und Reinhard Matthieu (1895-1968) haben als Deutsche Christen die Akademiearbeit getragen.

Die Lutherfeier 1933

Der absolute Höhepunkt des nationalprotestantischen Festkalenders sollte selbstverständlich die Feier zum 450. Geburtstag Luthers werden, die wegen der Volksabstimmung am 12. November über den Austritt Deutschlands aus dem Völkerbund auf den 19. November verschoben worden war.

Im Vorfeld der Hauptveranstaltung gab es im Stadttheater die Lutherfeier der evangelischen Kirchengemeinden mit der Erstaufführung des Lutherdramas von August Strindberg „Die Nachtigall von Wittenberg", inszeniert von Saladin Schmitt. Vor der Aufführung redeten Pfarrer Schmidt II und Pfarrer Rudolf Hardt (1900-1959) und es sang die Kurrende Lutherlieder. Am 11. November gab es eine Aufführung des Oratoriums „Luther" von Heinrich Zoellner.[34]

Was sich nun am 19. November beim Lutherfest ereignete, hat es weder vorher noch später in Bochum gegeben.[35] Der einmalige Zeitungsbericht sei

---

[33] Br. 1, 56
[34] Brau, 170
[35] Vgl. Brau, 172 ff.

trotz seiner Länge wiedergegeben, da er alle Elemente der damaligen mehrheitlichen nationalen und religiösen Mentalität enthält:

Überfüllte Gotteshäuser
Massenaufmarsch auf dem Sportplatz Krümmede – Luther, der Soldat des
Herrn – Christusglaube und deutsche Schicksalsgestaltung.
Feierlich klangen die Glocken über Dorf, Stadt, Land und Reich. Es ist der
ausgesprochene Wunsch und Wille des Führers im Dritten Reich, dass das Volk
in seiner Gesamtheit erkenne, was der große Reformator, Sprachgestalter und
Liedersänger für den deutschen Gedanken bedeutet. In den Predigten zeigte es
sich, dass Luther, der vor 450 Jahren geboren ward, nicht gestorben ist, son-
dern lebt und in einer Zeit der inneren und äußeren Not geistig aufersteht in
seinen Worten und Werken, Liedern und Predigten, mit seiner Bibel und Chri-
stenlehre, Katechismus genannt, mit seinem Kampf um die Verkündigung der
reinen Wahrheit der Gottesoffenbarung im Evangelium. So wird er aufs Neue
zum Führer seinem Volk auf seinem Wege aus tiefer Verzweiflung zu neuem Licht
der Hoffnung und Gottesnähe.
Also klangen die Glocken im Jubelton durch die Lande, rufend und weckend,
stärkend und erhebend und warben mit eherner Zunge alle Hörer, den deutschen
Luthertag mit Stolz, Freude und Würde frohen, hoffenden und Glück empfin-
denden Herzens mitzufeiern.
Und alle sollten gleichermaßen daran teilhaben: Die Väter wie die Mütter,
die Alten wie die Jungen, keinerlei Unterschied sollte sein. Das protestantische
Deutschland sollte an diesem Tage marschieren im gleichen Schritt und Tritt.
Und also riefen und sangen die Glocken! Ein Feiertag brach an. Er lag zwar
im November, im Nebelmond, da man kaum auf gutes Wetter hoffen darf, aber
der Himmel segnete den Tag besonders: Die Sonne strahlte hell und warm von
einem wolkenlosen Himmel wie an einem der herrlichen Spätsommertage.
Unter solcher Wettergunst konnte sich das großartige Bild voll entfalten, des-
sen Zeuge Tausende und Abertausende gestern gewesen sind.
Was schon den Sonntagmorgen besonders auszeichnete, das war der ge-
waltige Strom von Menschen, der sich, wie kaum je zuvor, in alle evangelischen
Kirchen ergoss. Die Gotteshäuser und die Betsäle waren alle überfüllt.

In den Predigten wurde neuer Luthergeist wach.
Die kraftvollen Choräle wurden mit neuem Verstehen und heiliger Inbrunst
gesungen und wurden zu Volksgebeten. Wie die evangelische Kirche sich zur

wirklichen Volkskirche zu werden anschickt. Gemeinschafts- und Gemeindegeist in einem Volk von Brüdern und Schwestern will sich neu gründen. Und das deutsche Volk will wieder ein Gottesvolk werden.

So klang es aus den Predigten von den Kanzeln und an den Altaren, so redete es machtvoll durch den Rundfunk; denn alle deutschen Sender verbreiteten die große Lutherfeier im Berliner Dom, wo u. a. Reichsbischof Müller zum ganzen Volk sprach und von wo man etwas spüren konnte von den Dingen, die den evangelischen Glauben und den Gottesdienst als Dienst am Volke angehen. Es wird wohl kaum einen Glaubensgenossen gegeben haben, der sich nicht irgendwie und irgendwo von dem geistigen Geschehen dieses Gedächtnissonntags erfasst fühlte – er müsste ihm denn absichtlich aus dem Wege gegangen sein. Aber selbst dann würden sie dem Bildnis des Reformators auf Schritt und Tritt begegnet sein., das viele Millionen Deutsche gestern als Plakette zur Erinnerung an Dr. Martin Luther trugen oder sie hätten die Lutherrose gesehen, mit der sich Tausende Frauen schmückten, aber sie hätten geradezu blind sein müssen gegenüber dem herrlichen Schmuck der Fahnen und Fähnchen und der Harmonie der Farben, die sich vor ihren Augen ergab, als die alten Reichsfahnen, das Hakenkreuzbanner und das weiße Tuch mit dem violetten Kreuz wie zu einer Melodie zusammenklangen.

Es waren Festgottesdienste im vollen Sinne, bei denen neue Kräfte fröhlich mitwirkten, so z. B. in der Lutherkirche die Schupokapelle. Der Gottesdienst in der Kirche zu Bochum-Weitmar wurde in den Gemeindesaal, da die Kirche nicht ausreichte, übertragen. Die Besucher standen bis in die letzten Gänge und saßen auf den Treppen. So beging Groß-Bochum in Andacht am Morgen die Lutherfeier.

Der große Aufmarsch

Am Nachmittag marschierten unter Glockengeläute die Gemeinden in geschlossenen Zügen zum Sportplatz an der Krümmede. Rings flatterten die Fahnen. Eine große Bühne war errichtet. Das Kolossalbild Martin Luthers, den Reformator mit der Bibel in der Hand darstellend, beherrschte die eine Seite, und sein Hauptgesang „Ein feste Burg ist unser Gott" zog sich als Spruchband zu beiden Seiten des Bildnisses. (Schöpfer dieses Bildwerks war Dietrich Flamme.) In fünf großen Treffen zogen die Massen heran. Außer der großen Altstadtgemeinde versammelten sich hier die Kirchengemeinden von Wiemelhausen, Altenbochum, Riemke-Hofstede und Harpen. Die Fahnen der kirchlichen Vereine und der Jugend fassten rechts und links des Lutherbildes auf der Bühne Platz.

Die Augenweide, die sich von dort oben den Blicken bot, war schier überwältigend. Eine Zählung der Teilnehmer hatte nicht stattgefunden. *Man ist also auf Schätzungen angewiesen. Kopf an Kopf standen die Menschenmassen. Übereinstimmend wurde Ziffern genannt von 25.000-30.000. Aber da viel mehr Teilnehmer zu diesem Aufmarsch erschienen waren, als vorher angenommen war, können es auch noch mehr gewesen sein. Die Züge führten eine Anzahl Musikkapellen mit. Droben auf dem Platz blies der Posaunenchor von Wiemelhausen zur Einleitung den Choral „Wach auf, wach auf, du deutsches Land". Das Grußwort sprach der Führer der deutschen Christen in der Altstadtgemeinde, Demant. Zwei packende Reden bildeten den Inhalt der großen Gedächtnisstunde unter freiem Himmel. Lautsprecher übertrugen die scharf gemeißelten Sätze über den ganzen Platz, sodass die ganze Großgemeinde sie bis zum letzten Platz gut verstehen konnte.*

Pfarrer Schmidt II prägte das Wort: Luther lebt und will aufs Neue in dem Volke wirken, für das er mit Gott rang, für das er litt und stritt vor allen weltlichen Gewalten, vor Kaiser und Papst, vor Fürsten und Bischöfen, allein gestellt auf seinen Gottesglauben und Prophetentrutz und in dem er doch den Sieg behielt. Auch dem deutschen Volke von heute hat gerade er noch viel zu sagen und will ihm mit seinem Gottesglauben beistehen in seinem Ringen um eine neue Volkswerdung.

Durch Luther ist es erst möglich geworden, dass ein deutsches Volk überhaupt heranwachsen konnte.

Diese Erkenntnis besaß schon Goethe. Durch seine Bibel in deutscher Sprache hat Luther dem deutschen Volk das Evangelium neu geschenkt. Der Redner zeichnete ihn als den Soldaten Gottes. Als solcher lebt er und wirkt er fort in allen Herzen über Jahrhunderte und weit über Deutschland hinaus als ein wahrer Prophet für die ganze Welt. An seiner Seele Feuerbrand werden sich jetzt wieder aufs Neue Millionen deutscher Herzen zu höchstem Opfermut und heiligster Liebestat in einem zu Christus gewandten deutschen Volke neu entzünden.

Brausend klang der Luthervers „Ein feste Burg ist unser Gott" zum Himmel an. Pfarrer Lizentiat Dr Siebold lenkte den Blick zu dem uns von Gott geschenkten Führer Adolf Hitler. Das deutsche Volk sei in den letzten Jahren führerlos gewesen und begann, sich selbst zu zerfleischen. Und nun erlebte es seine große Stunde, dass durch den Schöpferwillen Gottes es sich besann auf seine Eigenart, seine Sendung in der Welt und seine Kraft aus Geist und Leben, aus Blut und Boden.

Und nun vernimmt das bis in die tiefsten Tiefen aufgewühlte deutsche Volk den neuen Ruf Gottes und wendet sich zu ihm an des Reformators Jubeltage, besinnt sich auf das heilige Erbgut seiner Väter, auf seinen ihm in Martin Luther geschenkten Propheten und will aufs Neue Besitz ergreifen von den Gütern der Reformation, um damit seine Schicksalsnot in neuem festen Gottesglauben zu überwinden. Leben und Bestehen des deutschen Volkes hängen ab von der Antwort, die das deutsche Volk seinem Gott geben wird auf den Ruf, den er jetzt neu an dieses Volk ergehen ließ. Es muss mit festem Lutherglauben den Himmel stürmen, bis es von Gott selbst seinen Segen erhält aus reiner Gnade und nicht aus selbstgefälligen Werken. Es muss standhalten den gegnerischen Kräften, den Einflüssen Roms, wie sich auch kämpfend entgegenstellen den Einwirkungen eines nordisch-germanischen Heidentums und aufs Neue seine Leben und Geschichte gestaltende Bedeutung unter Beweis stellen. Die Glaubenshaltung müsse zur Lebensgestaltung erhoben werden, denn Glaube und Leben seien eins.

Im Kampfe des Nationalsozialismus um die deutsche Seele und die Neugestaltung des deutschen Menschen im Dritten Reiche stehe die reformatorische Kirche bewusst in der vordersten Frontlinie. Aus der Kraft festen Glaubens und seiner lebendigen Tat erwachse die deutsche Zukunft und Schicksalsgestaltung.

Der Ausklang
Wieder klangen Lutherverse aus Tausenden Stimmen über den Platz. In einem kurzen Schlussworte dankte der Sprecher der deutschen Christen der Stadt für die Überlassung des schönen Platzes und seinen herrlichen Schmuck und allen Mitwirkenden für die Mühe, die sie bei der Planung dieser großen evangelischen Kundgebung aufgewendet haben, sowie allen Teilnehmern für das offene Bekenntnis, das sie für Luthers Sache an diesem gesegneten Jubeltage ablegten. Schon um 4 Uhr war die große Feier beendet. Noch bevor die Sonne sank, zerstreute sich die Riesenmenge und zog nach allen Richtungen hin in die Stadt und in die Gemeinden, wo noch weitere Veranstaltungen in Gemeinden usw. folgten.[36]

Dieser Bericht spricht für sich selbst. Er enthält alle Interpretationen Luthers als nationaler deutscher Held, als Prophet und Vorbild für die Gegenwart. Für viele Protestanten war Hitler der Erbe Martin Luthers.[37]

---

[36] Br. 1, 44 ff.
[37] Siehe Günter Brakelmann: Luther und Hitler, Bochum 2008

Überall in Bochum fanden abends in den Kirchen und Gemeindehäusern Lutherfeiern statt. Es dominierte aber nicht Luther als Theologe, sondern ein Lutherbild, das man problemlos für die eigene politische und religiöse Situation instrumentalisieren konnte.

Bochumer kirchliche Vereine

Die Frage nun: Was passierte im engeren Bereich des kirchlichen Vereinslebens? Dazu einige Beispiele.

Über die Vertreterversammlung des Stadtverbandes der Männervereine (Vorsitzender ist der DC-Mann Schmidt II) hieß es:

Der Vorsitzende gab einen Überblick über die Ereignisse der letzten Zeit, unter Zugrundelegung des Heilandswortes: „Ich bin gekommen auf Erden ein Feuer anzuzünden, was wollte ich lieber denn es brennete schon." Ein lodernd Feuer brennt und über dieses Feuer erfreuen wir uns. Vieles, was der Stadtverband seit Jahren mit heißem Bemühen bekämpft hat, ist mit einem Schlage beseitigt. Anderes, worum er gerungen hat, ist über Nacht erstanden. Unser evangelischer Volksteil, der immerhin zwei Drittel des deutschen Volkes ausmacht, ist aus seiner Unterdrückung durch das schwarz-rote System befreit und steht endlich wieder als gleichberechtigter Volksteil im Volksganzen. Jetzt heißt's die eigentliche Arbeit des Männerdienstes mit aller Kraft in die Hand zu nehmen, die innerliche Vertiefung durch die Botschaft des Heilandes, die innere Gemeinschaft durch das Evangelium. Jetzt gilt's Zeugen des Feuers zu werden, das Jesus angezündet hat auf Erden.[38]

Schmidt II, ein seit Jahrzehnten in Bochum geübter Redner und Schreiber, war schon im Ersten Weltkrieg ein Meister der emotionalen Sprache und der zeitgeschichtlichen Dramatisierung. Dass der evangelische Volksteil in der Weimarer Republik unterdrückt worden sei, ist eine Analyse, die nur psychologisch aus seinem tiefen Hass gegen die „Roten" und „Schwarzen" zu erklären ist. Die unterschiedslose Perhorreszierung der unmittelbaren Vergangenheit soll das Licht des Umbruchs umso kräftiger scheinen lassen.

Über die Tagung des Bezirksverbandes der Evangelischen Arbeitervereine wurde berichtet:

Am Samstag, dem 22. April d. J., fand im Ernst-Moritz-Arndt-Haus Bochum Königsallee der fünfte Schulungskursusabend statt. Der Vorsitzende, Rektor

---

[38] Br. 1,61 f.

Lütz aus Gerthe, konnte die zahlreichen Vertreter der angeschlossenen evangelischen Arbeitervereine begrüßen. Vor Eintritt in die Tagesordnung gedachte er in einer kernigen Ansprache des 44. Geburtstages unseres allverehrten Reichskanzlers Adolf Hitler und betonte, dass der Bezirksverband evangelischer Arbeitervereine Groß-Bochum einmütig hinter der jetzigen Reichsregierung stehe, der es meisterhaft verstanden hat, die Massen durch sein energisches Vorgehen gegen den Marxismus und Kommunismus und durch seine zündenden und überzeugenden Reden zu fesseln und ein neues nationales Reich aufzurichten. Der Bezirksverband schließt sich ebenfalls den vielen Glückwünschen an. Mit einem dreifachem ‚Heil' und dem Deutschlandliede wurde in die Tagesordnung eingetreten.[39]

Der Vorstand der Evangelischen Arbeitervereine hatte in einem Aufruf formuliert:

… muss entschieden ernst gemacht werden mit dem religiösen Wollen des neuen Staates: Das Volk muss durch die Kräfte des Evangeliums, wie sie die Kirche darbietet, zu echtem Gehorsam unter den Allmächtigen in Glaube und Liebe geführt werden. Die deutsche Geschichte zeigt auf allen ihren Blättern, dass nur durch eine Vermählung der nationalen Erhebung mit der inneren Erneuerung aus evangelisch-reformatorischem Geist echte und bleibende Wirkungen erzielt worden sind.

Wir rufen unsere evangelischen Arbeitervereine auf! Die neue Lage schafft auch für uns neue Aufgaben, die es klar zu erkennen gilt:

Wir müssen aus der äußeren Zertrümmerung des Marxismus eine innere Überwindung und Gewinnung der Menschen machen.

Lasst uns mit dem freudigen Ja zum neuen Reich den verstärkten Willen verbinden, unsere Sendung zu erfüllen.[40]

Die Arbeitervereine, die sich als Erben der Stoecker-Bewegung verstanden, hatten immer einen Hauptgegner gehabt: die deutsche Sozialdemokratie, die für sie für Marxismus, Materialismus und Atheismus stand. Für ihre Ausschaltung aus dem deutschen politischen Denken und Leben konnten sie nur dankbar sein.[41]

Warum sollten sie jetzt Mitmenschlichkeit mit denen zeigen, die als Volksverderber in die Gefängnisse und „Umerziehungslager" wanderten?

---

[39] Br. 1, 62
[40] Van Norden, 68 f.
[41] Siehe Günter Brakelmann: Protestantische Positionen im Kampf gegen den Bolschewismus am Vorabend des Dritten Reiches, in: Dietrich Goldschmidt (Hg.), Frieden mit der Sowjetunion – eine unerledigte Aufgabe, Gütersloh 1989

Ähnliche Kundgebungen anderer Verbände wie dem Alten Verband deutscher evangelischer Lehrer und Lehrerinnen, dem Reichsverband deutscher evangelischer Schulgemeinden, dem Evangelischen Reichselternbund, dem Verband der deutschen Pfarrvereine, dem Deutsch-Evangelischen Frauenbund und des Gnadauer Verbandes liegen auf der gleichen Linie einer freudigen Zustimmung zur nationalen Regierung unter Hitler.[42] Nicht wenige Bochumer Lehrerinnen und Lehrer, Pfarrer und evangelische Laien gehörten diesen Verbänden an und waren Multiplikatoren einer undifferenzierten Zustimmung zum Anbruch eines neuen von Gott gewollten Reiches.

Es fällt in den vielen Verlautbarungen und Zeitungsberichten auf, dass die übergemeindlichen evangelischen Verbände und Vereine über die traditionelle antirepublikanische Brücke des nationalprotestantischen Konservatismus der Weimarer Zeit wenig Schwierigkeiten gehabt haben, sich nun als evangelischer Teil der „nationalen Revolution" unter ihrem Führer und Reichskanzler Hitler zu verstehen.

Die Rechtsbrüche der Nationalsozialisten gegen einzelne Menschen und Gruppen – für jedermann sichtbar in Bochum und nachlesbar in den Bochumer Zeitungen – werden nirgends problematisiert, sondern im Blick auf die historische Notwendigkeit der „nationalen Revolution" politisch und moralisch stillschweigend legitimiert.

So hat man weder gegen die Aufhebung der Grund- und Menschenrechte am 28. Februar noch gegen die Parteiverbote, noch gegen die verordneten Gleichschaltungen, noch gegen den Judenboykott, noch gegen Verhaftungen, noch gegen Strafen ohne Gerichtsverfahren, noch gegen Arisierungen jüdischen Besitzes, noch gegen Einweisungen in Konzentrationslager protestiert. Die Frage bleibt: Warum schwieg man über den öffentlichen Terror, der von Anfang an zum integralen Bestandteil nationalsozialistischer Herrschaft wurde?

Es ist der große politische Konsens mit der neuen NS-Regierung, der jede rechtskritische und humankritische Distanz verhindert hat. Im besten Fall hielt man sie für zwischenzeitliche Exzesse im nationalrevolutionären Geschehen, die aber bald wieder rechtsstaatlichem Denken weichen würden. Intellektuelle und moralische Bedenken verstummten vor allem angesichts der dankbaren Freude über die Rettung Deutschlands vor dem Bolschewismus. Dessen Niederschlagung, auch wenn sie mit Gewalt gegen einzelne Personen verbunden war, hielt man für politisch geboten und richtig und dadurch für politisch-mo-

---

[42] Vgl. van Norden, 69 ff.

ralisch legitim. Auch gegenüber den anderen Trägerschichten der demokratischen Republik, diesem Irrtum der deutschen Geschichte, galten weder Mitleid noch Hilfe. Höchstens drang man auf Milde im Umgang mit ihnen.

Weiter: Es gibt kein kirchliches Wort – weder in Bochum noch woanders in Deutschland – gegen das Heimtückegesetz, gegen das Ermächtigungsgesetz, gegen das Gesetz zur Wiederherstellung des Berufsbeamtentums und gegen die Praxis des Umgangs mit politischen und rassischen Minderheiten. Der Untergang des Rechtsstaates der Weimarer Republik war den meisten Protestanten die Zustimmung zum neuen autoritären Staat, der sich schnell zum totalen Staat entwickelte, wert. Eine Mehrheit im deutschen Milieuprotestantismus wie im kirchlichen Protestantismus hatte keine besonderen Schwierigkeiten, die politischen Grundentscheidungen und die revolutionären Maßnamen des Nationalsozialismus zu akzeptieren.[43]

Schon lange vor Hitler, als noch keiner seinen Namen kannte, war der Mehrheitsprotestantismus im 19. Jahrhundert antiaufklärerisch, antiliberal, antidemokratisch, antisozialistisch/antikommunistisch und schließlich antisemitisch. Dieses alte Erbe des konservativen, nationalen Protestantismus ließ sich für die Mehrheit problemlos in die Theorie und Praxis des Nationalsozialismus einbringen. Es gab neben den ordnungspolitischen Übereinstimmungen viele ideologische Anknüpfungspunkte des konservativen Nationalprotestantismus zum Nationalsozialismus.[44]

Bei den Reichstagswahlen vom 5. März sind es die protestantischen Stammlande Nord- und Mitteldeutschlands gewesen, die dem Volkskanzler der „Regierung der nationalen Konzentration" durch ihre absoluten Mehrheiten den Sieg gebracht haben. Im Reichsgebiet kamen die NSDAP auf 43,9 % und die Kampffront auf 8 % der Stimmen, also zusammen auf eine knappe absolute Mehrheit von 51,9 %.

Das gilt übrigens nicht für das Ruhrgebiet, der Anteil der NSDAP-Stimmen lag hier rund 10 % unter dem Reichsdurchschnitt. Das lag allerdings nicht am westfälischen oder rheinischen Protestantismus, sondern in erster Linie an der stärkeren Resistenz des alten politischen Katholizismus, der mit der Zentrumspartei Jahrzehnte hinduich im Ruhrgebiet die stärkste politische Kraft gewesen ist.

---

[43] Siehe Br. 2 (mit Kalendarium, zeitgenössischer und späterer Literatur und Bekenntnistexten 1933/34)
[44] Siehe Günter Brakelmann: Nationalprotestantismus und Nationalsozialismus, in: Christian Jansen (Hg.), Von der Aufgabe der Freiheit. Festschrift für Hans Mommsen, Berlin 1995

Die Bochumer Kreissynode 1933

Wie war es nun in den Gremien des kirchlichen Protestantismus, der Presbyterien, der Pfarrbruderschaft und der Kreissynode? Das wichtigste Jahresereignis für die Kirche vor Ort in der Stadt war seit Jahrzehnten die Kreissynode. Diese ist nach Art. 62 der geltenden „Verfassungsurkunde für die Evangelische Kirche der altpreußischen Union" vom 29. September 1922 „dazu berufen, das gesamte Kirchenwesen des Kreises zu pflegen und zu überwachen, den Gemeinden Anregungen zur Erfüllung ihrer Aufgaben zu geben, sie darin zu fördern und von sich aus gemeinsame Arbeiten in Angriff zu nehmen". An der Spitze steht der Superintendent, der „die Pflicht [hat], das kirchliche Leben des Kirchenkreises zu fördern, als Beauftragter der Kirche die kirchliche Aufsicht auszuüben und die Pfarrer amtsbrüderlich zu beraten" (Art. 77-80). Ihm zur Seite steht ein „Kreissynodalvorstand", der die „laufende Verwaltung" führt (Art. 73-76). Das nächsthöhere Organ ist die Provinzialsynode mit einem Provinzialkirchenrat, der das Konsistorium in Münster berät und fördert (Art. 83-94). Die geistliche Leitung der Provinzialsynode hat der Generalsuperintendent (Art. 99-108). Die dann folgende Generalsynode ist „berufen, dem äußeren und inneren Aufbau der Kirche und ihrer Erhaltung und Ausgestaltung als Volkskirche auf dem Grunde des evangelischen Bekenntnisses zu dienen …" (Art. 109-129). Und ein „Evangelischer Oberkirchenrat" in Berlin (Art. 131-134) ist die oberste kirchliche Behörde.[45]

Am 22. Juni findet mit 140 Stimmberechtigten die Kreissynode statt.[46] Die DC-Mitglieder setzten sich nicht wie üblich zu ihren Gemeindevertretern, sondern bildeten einen eigenen „braunen Block". Der Superintendent Alfred Niederstein (1866-1963) eröffnete die Synode mit den Sätzen:

Die evangelische Kirche steht in dem gewaltigen Aufbruch, der wie ein reinigender und befreiender Gewittersturm über unser deutsches Volk hinweggefegt ist. Wie ein Wunder erscheint's, dass mitten in einer Welt der schnödesten Selbstsucht ein Geschlecht aufstand mit der Überzeugung: Wir müssen etwas Höheres haben, wofür wir leben, nicht das eigene Ich mit seinen Süchten, nicht einen Stand oder eine Partei, sondern etwas ganz Großes: Volk und Vaterland! „Das ganze Deutschland soll es sein!", das wir lieben von ganzem Herzen, dem wir dienen mit allen Kräften. Ungezählte, die dadurch ihrem Le-

---

[45] Siehe Verfassungsurkunde für die Evangelische Kirche der altpreußischen Union nebst dazugehörigen Gesetzen, Berlin-Steglitz 1922

[46] Siehe Verhandlungen der Kreissynode Bochum am 22. Juni 1933, Bochum 1933

ben einen neuen Inhalt, ihrem Wirken eine neue Kraft, ihrer Seele einen neuen Reichtum und Adel gegeben haben! Dazu sehen wir mit innerster Freude, dass eine Sehnsucht aufbricht nach dem ewigen Gottesworte, dass Menschen unseres Blutes es zu ahnen und zu verstehen beginnen, dass wir ein Volk wahrhaft nur wieder werden können, wenn wir wieder lebendige Kirche werden. Darum gehört unsere Kirche verantwortlich und führend, mitschaffend und mit leidend hinein in das neue Reich.

Zur Zukunft der Kirche sagt er:

Sie wird bei voller Wahrung der Bekenntnisse lutherischer und reformierter Prägung den gemeinsamen Boden finden, auf dem in geschlossener Kraftauswirkung die Verlebendigung unseres evangelischen Volksteils geschehen kann. Sie wird den Parlamentarismus, der nach dem Vorbild des staatlichen Lebens auch in die Kirche eingedrungen ist, abschaffen, aber sie wird dem Grundgedanken einer verantwortlichen Mitwirkung von Laien, wie er zuerst auf dem Boden Westfalens und Rheinlands vorbildlich zur Tat und in ihrer presbyterialen Verfassung ein Quell des Segens geworden ist, nicht Abbruch tun dürfen. Dann aber, wenn die äußere Form geschaffen ist, fängt die Hauptarbeit an, Schaffung lebendiger Gemeinden, die nicht nur Gottes Wort hören, sondern die eine heilige Kämpferschar werden zum inneren Aufbau des Gottesreiches und damit auch des deutschen Reiches. Das können wir nicht durch eigene Kraft, Gottes Geist allein kann dieses Neue schaffen. Er helfe unserm Volk, dass es zum Letzten, Größten durchstoße, dass es ein Volk werde, das wieder auf dem Boden der ersten Christengemeinden und auf dem reformatorischen Boden unserer Väter stehe, das sein Kraft nimmt aus dem Evangelium, und das lebet in dem Bekenntnis: Jesus Christus gestern und heute und derselbe auch in Ewigkeit!

Der alte deutschnationale Superintendent, der in seinem Tagebuch seine Sehnsucht nach dem Ende der Republik bezeugt hat,[47] liegt voll in der dominierenden Trendlinie der kirchlichen Interpretation der letzten Monate. Freude über den Untergang der Republik verbindet sich mit der Hoffnung auf eine neue Bedeutsamkeit der Kirche im neuen deutschen Reich, das seine inneren Kräfte durch den Aufbau des Gottesreiches in lebendigen und kämpfenden Gemeinden bekommen soll. Um diese beiden Reiche, das deutsche Reich und das Gottesreich, geht es. Das eine nicht ohne das andere. Diese traditionelle Reichstheologie feiert hier und anders fröhliche Urständ. Der Superintendent hat keine intellektuell-analytischen Probleme, die nationalsozialistische

---

[47] Siehe Tagebuch von Alfred Niederstein, als MS im Privatarchiv Brakelmann

Reichsauffassung in Analogie zum Gottesreich zu bringen. Und er hat auch keine Probleme, sich auf eine Hinorientierung kirchlicher Arbeit auf den Aufbau eines neuen, von nationalsozialistischen Kriterien geprägten Gemeinwesens zu bewegen. Und er hat auch keine Schwierigkeiten, dem Dienst an dem deutschen Volk und an seiner religiösen Grundlage eine Priorität zu geben. Er will die verloren gegangene Bedeutsamkeit der Kirche und ihrer Gemeinden für den erhofften Neubau eines vom Parlamentarismus freien Staatswesens zurückgewinnen. Wenn er die „verantwortliche Mitwirkung von Laien" in der Kirche postuliert und auf den Segen der presbyterial-synodalen Kirchenordnung hinweist, spricht er ein Thema an, das seit Jahrzehnten in der Kirche schwelte, aber nie zu durchgreifenden Reformen geführt hat. Der Superintendent wird gewusst haben, dass seine Kirche eine Pastorenkirche war mit einigen Laienelementen an ihrem Rand.

Die Synodalrede des Gerhard Niedermeier

Nach den üblichen Berichten über die Arbeit der Synode im abgelaufenen Jahr, nach Wahlen für den Kreissynodalvorstand, für die verschiedenen Synodalausschüsse und nach etlichen Beschlüssen bekommt der Wiemelhauser Pfarrer Gerhard Niedermeier (1902-1974) das Wort zu seinem großen Synodalvortrag: „Die Kirche im Geschehen der Gegenwart. Rückblick und Ausblick".[48] Der damals 31-jährige Pfarrer, der als Pfarrerssohn in Herne-Baukau geboren war und das Ruhrgebiet mit seinen Arbeits- und Lebensbedingungen bestens gekannt hat, war in Bochum eine Ausnahmeerscheinung. Als junger Pfarrer der Petrikirchengemeinde hatte er am Bau des Paul-Gerhardt-Gemeindehauses, das bald ein kirchliches Zentrum in der Synode Bochum werden sollte, entscheidend mitgewirkt. Er war als Synodaljugendpfarrer sozial engagiert, gründete den Freiwilligen Arbeitsdienst in Bochum und im Ruhrgebiet mit. Unter seiner und seines Freundes Pfarrer Rudolf Hardts Leitung wurde das Ruhrlandheim in Bochum-Querenburg auf dem von einem Presbyter geschenkten Grundstück aufgebaut.[49] Niedermeier kannte sich aus im Umgang mit kirchlichen, städtischen und staatlichen Behörden und verstand

---

[48] Siehe Verhandlungen, 35 ff.

[49] Siehe Günter Brakelmann: Der Evangelische Freiwillige Arbeitsdienst in Bochum, in: Wolfgang Belitz, Günter Brakelmann, Norbert Friedrich (Hg.), Aufbruch in soziale Verantwortung. Die Anfänge kirchlicher sozialer Arbeit in Westfalen zwischen Kaiserreich und Nationalsozialismus, Waltrop 1998; Günter Brakelmann: Zur Geschichte der Industrie- und Sozialarbeit in Westfalen, Iserlohn 1999

sich auf Umgang mit Geld. Und er war kirchenmusikalisch engagiert, er gründete und leitete eine Kurrende, die durch ihre Leistungen bald in der Region sehr bekannt wurde. Die Einweihung des Ruhrlandheimes wurde 1932 vom Rundfunk mit den dort gehaltenen Reden und den Gesängen der Kurrende übertragen.[50] Zu alledem verfügte er über eine systematisch-theologische Bildung sowie über kirchengeschichtliche und kirchenpolitische Kenntnisse.

Da sein Synodalvortrag aus der Mitte des Jahres 1933 einen hervorragenden Einblick in das mehrheitliche nationalpolitische Denken und Fühlen und gleichzeitig einen Eindruck von der theologischen und kirchenrechtlichen Zerrissenheit der evangelischen Kirche in Bochum gibt, sei Niedermeiers Rede in der ganzen Länge wiedergegeben und abschnittsweise kommentiert:

Meine Herren! Ich möchte wagen zu sagen: Liebe Brüder!

Der Synodalvorstand hat mir den Auftrag erteilt, in einer Sturmzeit der Kirche auf der heute zusammen getretenen Synode des Kirchenkreises Bochum über das Thema „Die Kirche im Geschehen der Gegenwart" zu reden. In der gegenwärtigen großen Zeitenwende hat ein Rückblick auf die Vergangenheit kirchlicher Arbeit ebenso wie ein Ausblick auf die zukünftige Gestaltung unserer Gesamtkirche und unserer Arbeit in allen Einzelgemeinden nur dann innere Berechtigung, wenn wir keinen Augenblick den ewigen Auftrag, den der Herr der Kirche seinen Dienern gegeben hat, aus dem Auge lassen, wenn wir von diesem unveränderten Geheiß des höchsten Herrn uns den Blick schärfen lassen für Vergangenes und den Mut stählen lassen für unser Handeln in der gegenwärtigen kirchlichen Situation und uns die Hoffnung schenken lassen für den Sieg seines Reiches im Neuwerden unseres Volkstums – solange wir auf unseren Synoden noch im gegenseitigen Vertrauen und einmütiger Bruderschaft von dem ewigen Willen unseres Gottes reden können, der uns in dem Gekreuzigten und Auferstandenen das Gericht über unser eigenes Wollen und die Heiligung unseres Willens gibt, so lange haben wir einen festen Grund, auf den wir bei aller Verschiedenheit unserer Einsichten uns finden können, so lange haben wir aber auch die heilige Pflicht, in Gehorsam des Glaubens brüderlich einander zu helfen in der Liebe, die alle Furcht austreibt. Nur wenn wir Menschen des Glaubens sind und uns der hohen Verantwortung bewusst bleiben, die wir als berufene und erwählte Vertreter unserer g a n z e n Gemeinden und als eingeordnete Glieder der Gesamtkirche der deutschen Reformation haben, nur dann werden wir die rechte Haltung im Streit der Meinungen um die äußeren Le-

---

[50] Zeitungsbericht in *Bochumer Nachrichten* vom 18.07.1932

*bensfragen unserer Kirche finden. Die Altarlektion unseres Synodalgottes-
dienstes lese ich noch einmal, uns zur Besinnung: Phil. 2, Vers 1-5.*

*(Ist nun bei euch Ermahnung in Christus, ist Trost der Liebe, ist Gemein-
schaft des Geistes, ist herzliche Liebe und Barmherzigkeit, so macht meine
Freude dadurch vollkommen, dass ihr eines Sinnes seid, gleiche Liebe habt, einmütig und einträchtig seid. Tut nichts aus Eigennutz oder um eitler Ehre willen, sondern in Demut achte einer den andern höher als sich selbst und ein jeder sehe nicht auf das Seine, sondern auch auf das, was dem andern dient. Seid
so unter euch gesinnt, wie es auch der Gemeinschaft in Christus Jesus entspricht.)*

Die Anrede spricht schon Bände. Das Wort „Bruder", sonst die ge-
bräuchliche Anrede unter Pfarrern und Synodalen, ist in die Krise geraten. Mit
dem Aufkommen der Deutschen Christen hatte sich eine bisher nicht ge-
kannte, immer härter werdende Frontstellung unter den „Amtsbrüdern" ge-
bildet. Man war untereinander dialoglos geworden. Die Gegensätze spalte-
ten nicht nur die Pfarrerschaft, sondern auch die einzelnen Gemeinden mit
ihren Presbyterien. Kontrovers war nicht eine verschiedene Interpretation der
politischen Umwälzung, sondern kontrovers waren vorrangig zentrale theologische Fragen des Kirchen- und des Glaubensverständnisses. Für alle war
eine „Zeitenwende" eingetreten. Auf sie sollte die Kirche Antwort geben. Die
Deutschen Christen ließen sich von ihrer Entschließung auf ihrer ersten
Reichstagung vom 5. April 1933 bestimmen:

*Gott hat mich als Deutscher geschaffen. Deutschtum ist Geschenk Gottes,
Gott will, dass ich für mein Deutschtum kämpfe. Kriegsdienst ist in keinem Falle
Vergewaltigung des christlichen Gewissens, sondern Gehorsam gegen Gott. Der
Gläubige hat einem Staat gegenüber, der die Mächte der Finsternis fördert, das
Recht der Revolution; dieses Recht hat er auch einer Kirchenbehörde gegen-
über, die die nationale Erhebung nicht vorbehaltlos anerkennt. Die Kirche ist
für einen Deutschen die Gemeinschaft von Gläubigen, die zum Kampf für ein
christliches Deutschland verpflichtet ist. Das Ziel der Glaubensbewegung
„Deutsche Christen" ist eine deutsche evangelische Reichskirche. Der Staat
Adolf Hitlers ruft nach der Kirche, die Kirche hat den Ruf zu hören.*[51]

Diese Radikalität, die ein Revolutionsrecht gegen die Kirchenleitungen
einschließt, die sich nicht eindeutig mit dem neuen NS-Staat identifizierten,
konnten die meisten Pfarrer nicht akzeptieren. Für sie blieb auch in der na-

---

[51] Siehe van Norden, 165; zur GDC: Kurt Meier: Die deutschen Christen, Göttingen 1964; Thomas Martin Schneider: Reichsbischof Ludwig Müller, Göttingen 1993

tionalrevolutionären Situation die Kirche das entscheidende Subjekt, das von ihren eigenen Kriterien her ihre zeitgenössischen Aufgaben in freier Entscheidung zu bestimmen hat. Innerkirchlich ist für sie das einzige Stilmittel des Umgangs miteinander der brüderliche Dialog. Es kann in der Kirche nicht um die Herrschaft einer Gruppe gehen, die sich legitimiert aus der Identität mit einer politischen Bewegung, die ihrerseits das Machtmonopol im Staat anstrebt. Es ist für die meisten Pfarrer nicht nachzuvollziehen, wenn die These formuliert wird. „Wir fordern die sinngemäße Gleichschaltung der empirischen Kirche mit dem Volksstaat der nationalen Revolution und damit eine Reform der Ev. Kirche an Haupt und Gliedern."[52] Um Gleichschaltung kann es nicht gehen, es kann nur um ein vereinbartes Zusammengehen von Staat und selbst bestimmten kirchlichen Aufgaben gehen.

Niedermeier formuliert eine Zielbestimmung, die nicht übersehen werden darf: Er spricht vom „Sieg seines Reiches im Neuwerden unseres Volkstums". Auch er, der nie Deutscher Christ und Nationalsozialist gewesen ist, bringt das Reich Gottes in Zusammenhang mit dem Neuwerden des Volkstums im neuen deutschen Reich. Auch er nimmt einen Begriff auf, der in keiner evangelischen Bekenntnisschrift zu finden ist: das deutsche Volk. Und schon gar nicht kann vom Neuen Testament her argumentiert werden, dass der Gott Jesu Christi eine besondere Nähe zum historisch-empirischen deutschen Volk habe. Die entscheidende Größe ist die Gemeinde, die sich aus allen Völkern als Bekenntnis- und Lebensgemeinde bildet. Das deutsche Volk durch kirchliche Verkündigung zum Volk Gottes zu machen, ist eine religiöse Konstruktion der Neuzeit unter dem Einfluss romantischen Denkens. Dass sich im Neuwerden des Volkes das Reich Gottes ereignen möge, diese Hoffnung dürfte Ausdruck einer psychologischen und realpolitischen Sehnsucht nach einer ganz anderen Ordnung der Wirklichkeit sein. Die eschatologische Zukunftshoffnung wird hier zur präsentischen Erwartung gemacht. Auch für Niedermeier kann die nationale Revolution ein Ereignis in der Geschichte des Reiches Gottes auf Erden werden. Er durchbricht nicht die in der deutschen Geschichte immer wieder aufkommende Geschichtstheologie, die Gott zum besonderen Lenker der deutschen politischen Geschichte macht.

Was zu beachten bleibt: In der religiösen Gegenwartsdeutung gibt es zwischen den sich bildenden kirchlichen Lagern viele Übereinstimmungen und Berührungspunkte. Alle entdecken sie das besondere gnädige Handeln Gottes in der deutschen Geschichte und alle betonen sie die Hinorientierung

---

[52] Van Norden, 160

der kirchlichen Arbeit auf die von Gott gewollte und gegebene einmalige Situation. Die Punkte, die trotz der gemeinsamen Zustimmung zum deutschen Kairos in der Kontroverse stehen, will der Synodalredner zur Vermittlung bringen. Er traut hier und später zitierten Bibelstellen zu, sich über alle Differenzen hinweg in die „Gemeinschaft in Christus" (Phil. 2, 5) zurückrufen zu lassen. Er vertraut der Kraft des apostolischen Wortes, das zum Frieden und zur Eintracht mahnt. Natürlich weiß auch er, dass das Zitieren von einzelnen Versen aus dem Neuen Testament den unendlich weiten geistlichen Abstand der Angeredeten vom apostolischen Geist bewusst machen, ihn aber nicht unmittelbar aufheben kann. Jedes Lager kann jedes Lager mit Bibeltexten traktieren und dem jeweils anderen ein schlechtes Gewissen machen wollen, aber die geistlichen Imperative bleiben in der Regel folgenlos, da jedes Lager seinen eigenen Wahrheitsanteil gegenüber dem anderen für größer hält. Jeder meint, beim anderen immer zu merken, dass die verwendeten Bibelsprüche für die eigene Sache passend ausgesucht und instrumentalisiert werden. Und in der Tat: Das Zitieren von einzelnen Sprüchen, die jedem bekannt sind, führt in der Regel weder zur kritischen Überprüfung der eigenen Positionen noch zu haltbaren Übereinstimmungen. Das sich angestaute Gemisch aus persönlichen biografischen Erfahrungen, aus Verwundungen und Enttäuschungen über den Weltengang, über Probleme und Entfremdungen in der eigenen Kirche und vieles mehr lässt sich in der kurzen Dauer einer Synode nicht auflösen. Man verlässt sie in der Regel so, wie man in sie hineingegangen ist.

Als vor 400 Jahren das von allen menschlichen Verzerrungen befreite Evangelium von Wittenberg und Genf aus nach Rheinland und Westfalen getragen wurde, fand der Ruf: „Wach auf, wach, du deutsches Land, du hast genug geschlafen; bedenk, was Gott dir hat gesandt und Dir vertraut sein höchstes Pfand" lebendige Aufnahme bei den freien Bauern in Minden-Ravensberg, bei den märtyrerstarken, hartwilligen Menschen der Mark und des Bergischen Landes und nicht zuletzt in den leidenswilligen „Gemeinden unter dem Kreuz" am Niederrhein. Die evangelische Kirche stand; und richtete ihren Auftrag aus, ob sie Landesherren als Notbischöfe hatte oder unter schwersten Leiden durch die weltliche Obrigkeit sich durchsetzen musste. – Schwärmer und Sozialrevolutionäre haben es im Münsterland möglich gemacht, dass das glaubensfrohe Erwachen zum Evangelium erstickt wurde und die römische Herrschaft ihr Joch wiederum auf das Land legen konnte. – In harten Zeiten wurden die rheinischen und westfälischen Lutheraner und Reformierten bekenntnisstark und innerhalb des deutschen Protestantismus eine charaktervoll selbstständige Gruppe: Auch im Zeitalter der Orthodoxie blieben die westfälischen Lutheraner lebensnahe Zeugen des lebendigen Gotteswortes, das sich nicht erfrorenem System fügt. Der Wächterruf eines Philipp Nicolai drang in die fernste Gemeinde des zerrissenen deutschen Landes.

Ein Traditionsabruf gehörte zum Stil in kirchlichen Versammlungen. Niedermeier erinnert an die besondere Kirchengeschichte der Evangelischen in Westfalen und Rheinland. Es ist ein Rückblick mit vollem Respekt und Dank für die lutherische und reformierte Tradition und Wirksamkeit im Westen Deutschlands. Wieweit hier parteiliche Geschichtsauffassung untermengt wird, kann dahingestellt sein. Entscheidend ist des Redners Absicht, die gelungenen Seiten der eigenen Herkunft für die Gegenwart anwesend zu halten.[53]

Als der Rationalismus, die Geisteskrankheit der Welt, die hernach im Marxismus und Liberalismus, dem Arbeiterschaft und Bürgertum in gleicher Weise zum Opfer fielen, ihre Auferstehung feierte, – als dieser Rationalismus, die aus dem griechisch-deutschen Humanismus zehrende antipodische Linie der deutschen Reformation, den Protestantismus bis an den Rand des geistlichen Todes getrieben hatte, brach wie in der benachbarten Lüneburger Heide, so in Minden-Ravensberg, im Siegerland und Wuppertal und in den Gemeinden des Niederrheins in einer von Gott geschenkten Erweckung die Kraft des Evangeliums wie bei den Vätern von Neuem durch. – Aus Gemeinden, die in Lehre und Leben lebendig waren, wuchsen Werke der inneren und äußeren Mission, wie Kaiserswerth, Bethel, Barmen, Volmarstein und die reiche Zahl anderer Stätten der Liebe.

Hier wird das weithin im kirchlichen Protestantismus übliche Geschichtsbild gezeichnet: Die Aufklärung mit ihrem Rationalismus hat ihr zerstörerisches Geschäft getrieben. In der politischen Denkgeschichte und in der Praxis seiner Verwirklichung hat er zwei große Bewegungen hervorgebracht: den bürgerlichen Liberalismus und den proletarischen Sozialismus. Liberalismus und Marxismus sind die entscheidenden Gegenkräfte zur christlichen Glaubens-, Denk- und Lebenskultur geworden. Sie zu überwinden, bedeutete die Rettung der einzelnen Menschen aus ihren Irrtümern über sich selbst und die politische Rettung des Volkes aus den Prinzipien des individualistisch strukturierten Liberalismus und des kollektivistischen Entwurfs des marxis-

---

[53] Zur westfälischen Kirchengeschichte s. Wilhelm H. Neuser: Evangelische Kirchengeschichte Westfalens im Grundriss, Bielefeld 2002; Werner Danielsmeyer: Die Evangelische Kirche von Westfalen. Bekenntnisstand, Verfassung, Dienst an Wort und Sakrament, Witten 1965

tischen Sozialismus. Genau aber die Überwindung der neuzeitlichen „Geisteskrankheit" hat der Sieg des Nationalsozialismus gebracht. Er bedeutet die Ausschaltung der Totengräber einer deutschen, christlichen Kultur.

Die Kirche hatte, laut Niedermeier, schon vorher auf ihre Weise in ihr den vollen möglichen Sieg einer liberalen Theologie gestoppt. Es sind die Erweckungsbewegungen gewesen, die die Kraft des Evangeliums in der Verkündigung neu entdeckt, die Äußere Mission entwickelt und christliche Liebesarbeit in der Inneren Mission praktiziert haben. Es ist der Vereins- und Verbandsprotestantismus im 19. Jahrhundert gewesen, der sich eigenständig auf verschiedenen Feldern der diakonischen und sozialpolitischen Arbeit profiliert hat. Die verfasste Kirche hat sich überwiegend im Fahrwasser der vorgegebenen staatlichen Sozial- und Gesellschaftspolitik bewegt.

Die Lebendigkeit in Lehre und Leben erwies sich auch darin, dass das Unionswerk des frommen Hohenzollernfürsten seit dem Jahre 1817 je länger, je mehr bei Wahrung des Bekenntnisstandes doch weitestes inneres Verständnis fand, auch dort, wo nicht wie am Mittelrhein der Liberalismus Wegbereiter der Union wurde. – Für die Verfassung der unierten Kirche gaben die rheinischwestfälischen Gemeinden das Vorbild. Auch im Rahmen der Union behielten sie ihre Sonderverfassung, die dann beim Neubau der kirchlichen Verfassung nach dem Weltkriege Richtschnur wurde.

Der in einer unierten Kirche groß gewordene Niedermeier spricht ein klares Ja zur unierten Kirche seit 1817.[54] Er steht wie seine meisten Amtsbrüder auf dem Boden der durch sie geschaffenen Kirchenordnungen mit ihren presbyterial-synodalen Prinzipien. Er ruft nicht nach einer revolutionären Kirchenreform, die alles Gewordene hinter sich lässt und durch einen radikalen Schritt alles verändern will. Seine geistige und geistliche Heimat ist die Kirche der altpreußischen Union.

Als nach 1870 an Rhein und Ruhr die Großstädte aus dem Boden schossen und das größte deutsche Industriegebiet entstand, geschah dieses auf dem einzigen Boden in Westfalen und dem nördlichen Rheinland, der keine Erweckung erlebt hat. Die riesige Bevölkerungszunahme stellte die Kirche im Ruhrgebiet in der letzten Generation vor bisher nicht da gewesene neue Aufgaben. Aus allen deutschen Gauen strömten verdiensthungrige Männer herbei, die ihre Familie nachzogen, weil die Blütezeit der deutschen Industrie ihnen Arbeit und Brot garantierte. Die Dinge liegen nicht so fern, als dass wir nicht mehr wissen könnten, wie damals öde Kolonien und die Mietskasernen des Gründer-

---

[54] Zur Unionsgeschichte s. Die Geschichte der Evangelischen Kirche der Union, 3 Bde., Leipzig 1992 ff.

kapitals die Massen Herzugerufener und Herzugezogener aufnahmen. Menschen, die ihre Heimat und die Verbundenheit mit dem heimatlichen Boden aufgegeben hatten und die nun als Nummern im Betrieb, als Stück Masse auf dem Asphalt der Großstädte vergeblich Wurzeln zu schlagen sich bemühten. Die Auswirkung der soziologischen Tatsache, dass vor etwa 50 Jahren noch 70 % aller Deutschen auf dem Land, 30 % nur in den Städten wohnten, ein Verhältnis, das sich in der letzten Generation genau umgekehrt hat, formte das Bild der ehedem friedlichen Dörfer und Kleinstädte an der Ruhr.

Hingewiesen wird auf Tatsachen, die man berücksichtigen muss, wenn man das Verhalten der evangelischen Kirche in der Phase der Industrialisierung und Urbanisierung im Ruhrgebiet erklären und bewerten will. Nirgends im damaligen Deutschland war die Kirche so herausgefordert wie in den Jahrzehnten vor und nach dem Ersten Weltkrieg im Industriegebiet. Der soziologische Wandel von der agrarisch und handwerklich geprägten Dorfgemeinde über den industrialisierten Ort zur städtischen Großgemeinde mit großen Zechenanlagen und Stahlunternehmen zwang zur Gründung neuer Gemeinden. Eine neue kirchliche Infrastruktur musste geschaffen werden: Neubau von Kirchen und Pfarrhäusern, Ausbau von Gemeindehäusern, Einrichtung von Schulen und Kindergärten, Anlegen von Friedhöfen und Bildung neuer synodaler Verwaltungsstrukturen. Es gab nicht einen Ort im Ruhrgebiet, in dem nicht eine Doppelstruktur von evangelischer und katholischer öffentlicher Präsenz ausgebaut wurde. In die bestehenden Gemeinden der Einheimischen mussten die Zuwandererfamilien eingegliedert werden. Katechumenen- und Konfirmandenunterricht erforderten neue Formen religiöspädagogischer Vermittlung. Hinzu kamen die Angebote von Kreisen für Jungmädchen und Jungmänner, für Frauen und Männer. Es entwickelte sich im Ruhrgebiet ein bisher nicht gekanntes Gemeindeleben. Die Wohnverhältnisse der Bergarbeiter- und Stahlarbeiter in städtischen privaten Wohnquartieren und in zecheneigenen Kolonien waren in der Regel von Enge und wenig Wohnkultur geprägt. Die Teilnahme am Gemeindeleben mit seinen Bildungs- und Freizeitangeboten konnte durchaus kompensatorisch wirken. Der persönlichen Seelsorge und dem Besuchsdienst des Pfarrers in Familien waren Grenzen durch die Gemeindegrößen zwischen fünf- und zehntausend Gemeindegliedern gesetzt. Auf die Massen der Zugewanderten gesehen lockerte sich für viele die reale und emotionale Bindung an das kirchliche gottesdienstliche und gemeindliche Leben. Vor allem aber gingen die in abhängiger Arbeit stehenden Männer in Distanz zu einer Kirche, die kaum Kontakt zu den Arbeitswelten der Männer gehabt hat und ihre konkreten Probleme wie die Länge der Arbeitszeiten, die Arbeitsbedingungen in einem streng hierarchischen System, die Krankheits- und Invalidenprobleme und vieles mehr kaum als humanes und ethisches Problem innerkirchlich thematisiert hat. Die Kirchenentfremdung der Arbeiter wuchs von Jahr zu Jahr, während ihre Bindung an die Arbeiterbewegung zunahm.[55]

Vergeblich die Warnung eines Stoecker im werdenden Riesenproblem der deutschen Arbeiterfrage! Vergeblich der Rat des alten Bodelschwingh, die Eisen verarbeitende Industrie aus dem Kohlengebiet fernzuhalten und die Fabriken mit ihren Eisen- und Metallarbeitern im Münsterland und weiter herauf bis zur Nordsee im Rahmen eines großzügigen Kanal- und Straßensystems unter Ausnutzung des billigen Wasserweges und bei ausreichendem Lebens- und Siedlungsraum anzusetzen. Hunderttausende kamen, der Gefahr der Entwurzelung und der Entseelung preisgegeben. Es war nicht die Not ums tägliche Brot, die viele von diesen Hunderttausenden ins Ruhrgebiet trieb, sondern der Hunger nach Geld, die Einflüsterung des Materialismus und die Lockung des Kapitalismus, die oft allzu schnell die Verbundenheit mit der Heimatscholle vergessen machte. Der Boden für den Gedanken des internationalen Marxismus war bereitet.

Der Staat, trotz weltberühmter Sozialgesetzgebung bevölkerungspolitisch unerfahren, war für die Gefahr dieser Lage blind. Auch die Kirche, soweit sie liberalistischen Gedankengängen erlag, hat trotz Bodelschwingh und Stoecker nicht klar genug gesehen und nicht laut genug ihre Stimme erhoben. Da Kapitalismus und Sozialismus beide auf dem Boden des Materialismus bauten und sich zunehmend in heißem Kampf verbissen, war das Gehör für die Botschaft der Kirche gering und ihr Ackerfeld weithin steinhart. Wir wollen nie vergessen, wie treue Pastore, Presbyter und Gemeindeglieder sich auf diesem Acker wundgequält und redliche Schwielen und Narben erworben haben. Das soll in dieser Stunde die junge Generation der alten zum Danke sagen!

Der zurückblickende Niedermeier bleibt in seiner Bilanz trotz der Nennung der beiden Sozialreformer Adolf Stoecker (1835-1909) und Friedrich von Bodelschwingh (1831-1910) nüchtern: Sie waren machtlos und wirkungslos, was die dominierende Entwicklung angeht. Der Drang der Arbeiter nach gutem Verdienst und die Folgen der liberal-kapitalistischen Wirt-

---

[55] Siehe Traugott Jähnichen, Franz-Josef Jelich (Hg.): Sonntagskirche und Alltagswelt. Beiträge zur Geschichte des Protestantismus im Ruhrgebiet, Essen 2009; Michael Basse u. a. (Hg.): Protestantische Profile im Ruhrgebiet. 500 Lebensbilder aus 5 Jahrhunderten, Kamen 2009; Günter Brakelmann: Ruhrgebiets-Protestantismus, Bielefeld 1987

schaftspraxis haben es verhindert, dass trotz der staatlichen Sozialpolitik eine Besserung der Lage der entwurzelten Massen eingetreten ist. Die Kirche hat in dem Geisteskampf zwischen Kapitalismus und Sozialismus, beide auf dem Boden des Materialismus stehend, kaum Gehör gefunden. Niedermeier hat deutlich gesehen, dass die Kirche mit ihrer Verkündigung, Pädagogik und Liebesarbeit den Stil der Zeit nicht bestimmt hat. Die geistigen Großmächte waren Liberalismus und Sozialismus, beides Kinder des neuzeitlichen säkularen Rationalismus.[56]

Aber er hat auch gesehen, dass es in dieser Zeit Pfarrer, Presbyter und Gemeindeglieder gegeben hat, die sich mit vollem Einsatz ihrer Person bemüht haben, die christliche Botschaft zur Sprache und ins Leben zu bringen. Dass er diese Arbeit der „Alten" mit Anerkennung zur Sprache bringt, zeigt sein Bemühen, historisch auch vergeblichen Versuchen gegenüber gerecht zu bleiben.

An kirchlicher Führung hat es in Westfalen nicht gefehlt. Zwei ungekürte Bischöfe erkannten im wachsenden Industriegebiet die Aufgaben der Kirche. Generalsuperintendent D. Nebe und sein Nachfolger, unser hochverehrter D. Zoellner, schärften das Gewissen und gaben als Kirchenführer, die gleichzeitig den Gedanken der Inneren Mission in sich verkörperten, klare Richtlinien. Unter ihrer Leitung erwuchs den Presbyterien der Mut, Großstadtgemeinden in Einzelgemeinden zu gliedern. Es entstanden um neu erbaute Kirchen und Gemeindehäuser übersichtliche kirchliche Körperschaften, die ebenso wie die freien Vereine und kirchlichen Gemeinschaften als Kerngemeinde zum Dienst berufen waren.(vgl. sämtliche Protokolle der Industriesynoden in den letzten Jahrzehnten).

Mit Gustav Nebe (1835-1919), der von 1883-1905 Generalsuperintendent von Westfalen mit Sitz in Münster war, und Wilhelm Zoellner (1860-1937), seinem Nachfolger von 1905-1930, nennt Niedermeier zwei Namen, die für die westfälische Kirchengeschichte sehr wichtig waren.[57] Sie haben dem westfälischen Teil des Ruhrgebiets die kirchlichen Strukturen gegeben, von der Bildung von Kerngemeinden über den freien Verbandsprotestantismus zur Arbeit der Inneren Mission. Es sind genau die Strukturen, die die Ruhrgebietsgemeinden und ihre Synoden bis in die unmittelbare Gegenwart hinein bestimmten.

Es lässt sich nicht leugnen, dass unsere bunt gemischten Gemeinden man-

---

[56] Als Überblick über die soziale Frage s. Günter Brakelmann: Die soziale Frage des 19. Jahrhunderts, Witten 1962 ff. (7 Auflagen)

[57] Vgl. Werner Philipps: Wilhelm Zoellner – Mann der Kirche in Kaiserreich, Republik und Drittem Reich, Bielefeld 1985; Hans Ehrenberg (Hg.): Credo Ecclesiam. Festgabe zum 70. Geburtstag, Gütersloh 1930

chen davor bewahrt haben, gänzlich wurzellos zu werden. – Kirche gab Heimat! Auf der anderen Seite muss gesagt werden, dass in dem Kampf gegen den Marxismus, dadurch dass bei dem Kampf das liberale Bürgertum in der Kirche oft einen willkommenen Bundesgenossen für die Vertretung seiner Interessen suchte, der Kirche bei all ihrem Bemühen, unabhängig von Parteien, Klassen und Ständen Volkskirche zu bauen, mancher Zugang zur Seele des Industriearbeiters versperrt wurde. So stand sie schon vor dem Weltkrieg mit ihrer Verkündigung des Evangeliums zwischen den beiden Fronten, die das Schicksal unseres Volkes bildeten. Während die Gebildeten und Aufgeklärten zum großen Teil gleichgültig abseits standen oder in einer individualistisch-subjektivistischen Frömmigkeit lebten, die, sich selbst genug, im günstigen Falle noch dem Satze huldigte: „Dem Volk muss die Religion erhalten bleiben", wir selbst aber sind uns „das Maß aller Dinge", und die, der Notwendigkeit des christlichen Bekenntnisses verständnislos gegenüberstehend, einem verwässerten Kulturprotestantismus huldigte, vollzog indessen die Arbeiterschaft zu einem großen Teil die Gleichung: christlich = kirchlich = bürgerlich und verstand nicht, dass der Kampf der Kirche gegen den Marxismus vom Kampf des liberalen Bürgertums grundverschieden war. So fand die Revolution von 1918 eine evangelische Kirche vor, die äußerlich zwei Drittel des deutschen Volkes umfasste, aber wesentlich nur von einem kleinen Häuflein Getreuer getragen wurde, während das Bürgertum tatenlos, die Arbeiterschaft von tiefem Misstrauen erfüllt neben ihr stand, auch wo beide äußerlich noch zu ihr gehörten. Diese Lage reichte – auch das muss leider gesagt werden – bis tief hinein in die kirchlichen Körperschaften, deren Glieder durchaus nicht alle bereit und innerlich fähig waren, in lebendigem Glauben an der Gemeinde tätig mitzubauen. –

Es ist ein Wunder von Gott, dass diese Kirche trotz der Revolution und der einsetzenden Gottlosenaktion nicht zerschlagen wurde. Die Not der Jahre nach 1918 hat die Kirche mehr auf sich selbst gestellt, als sie es unter staatlichem Schutz in der Vorkriegszeit nötig hatte. Dafür wollen wir danken, obwohl wir heute sehen, dass die Kirche dem Staat von Weimar gegenüber nicht nur frei aus dem Glauben heraus gehandelt hat, sondern in der Sorge um ihre äußere Existenz sich zu manchem Kompromiss hat nötigen lassen.

War Niedermeier bisher abgewogen kritisch, entwickelt er nun eine klare Analyse der verfahrenen Lage der Kirche zwischen den zeitgenössischen Fronten. Seine politische wie kirchliche Kritik geht wieder gegen den Liberalismus. In der Tat hat dieser immer Sympathien für den Kampf der Kirche gegen den Marxismus, ihren theoretischen und praktischen Antipoden, gehabt. Aber er selbst war dem Bekenntnis und der Lehre der Kirche gegenüber indifferent, blieb aber in ihr und entwickelte die Form eines Kulturprotestantismus mit individualistischer allgemeiner Religiosität. Das liberale Bürgertum war in Niedermeiers Sicht keine Hilfe für die Kirche. Für die Arbeiterschaft auf der anderen Seite war das kirchliche Christentum bürgerlich. Für sie waren bürgerliche Kirche und liberales Bürgertum Bundesgenossen gegen die Ziele der Arbeiterbewegung. Der Kirche gelang es nicht, sich aus dieser falschen Bundesgenossenschaft überzeugend zu befreien.

Fast resigniert hört es sich an, wenn er auf die Tatenlosigkeit des Bürgertums und das Misstrauen der Arbeiterschaft während der Revolution von 1918 zu sprechen kommt. Sie machten ihm bei dem Gedanken, dass Deutschland zu zwei Dritteln aus evangelischen Bürgern bestand, die größten Probleme. Ohne es direkt auszusprechen, ist die Revolution auch ein Indiz des Verfalls und des Versagens des deutschen Protestantismus gewesen, dessen geistige und politische Gestaltungsmacht zerschlagen war. Deshalb ist es für ihn ein „Wunder", dass die Kirche in der Weimarer Zeit trotz Revolution und Gottlosenkampagne überhaupt noch bestanden hat.[58] Zu beachten bleibt seine doppelte Aussage: Er dankt für die erlangte Selbstständigkeit der Kirche und merkt kritisch an die Kompromisse, die die Kirche mit dem neuen Staat eingegangen ist.

Es dürfte überraschen, dass er mit keinem Wort auf die Weimarer Verfassung hinweist, die mit ihren Kirchenartikeln 135-141 die verfassungsrechtlichen Erwartungen der Kirche voll erfüllte. Die Kirche blieb Körperschaft öffentlichen Rechts und hat eine Unsumme von Verträgen mit dem Staat abgeschlossen. Aber 1933 gehörte es zum Bild, dass kirchliche Stellungnahmen verbreiteten, die evangelische Kirche sei in der Weimarer Zeit behindert und unterdrückt worden.[59]

Hier muss nun aber auch gesagt werden, dass der deutsche Protestantismus, dem nach dem Fall seiner staatlichen Stütze im Hohenzollernhause die fortschreitende Auflösung prophezeit wurde, in den 14 Jahren der marxistischen Herrschaft genügend Zwangslage empfand, sich auf sich selbst zu besinnen. Die Kirche ist im Laufe dieser 14 Jahre in doppelter Beziehung erstarkt. Die Theologie, die unter dem Einfluss des Liberalismus auf dem besten Wege war, eine

---

[58] Zur Kirchengeschichte der Weimarer Republik s. Kurt Nowak: Evangelische Kirche und Weimarer Republik, Göttingen 1981

[59] Siehe Ernst Rudolf Huber, Wolfgang Huber: Staat und Kirche im 19. und 20. Jahrhundert, 4. Bd., Berlin 1988

innermenschliche Wissenschaft zu werden, lernte wieder, dass es ihr einziges Anliegen sein muss, das lebendige Wort Gottes zu hören. – Dazu erwachte das Bewusstsein, dass alle evangelischen Deutschen zu einer deutschen Kirche gehören. Das Erwachen dieses Bewusstseins hatte als ersten, lang ersehnten Schritt die Gründung des deutschen evangelischen Kirchenbundes zur Folge, der am Himmelfahrtstag 1922 über dem Grabe D. Martin Luthers in der Schlosskirche zu Wittenberg feierlich besiegelt wurde. Den Gemeinden ist der Druck der letzten 14 Jahre heilsam gewesen.

Es überrascht wieder die Aussage von der marxistischen Herrschaft in der Weimarer Republik. Die SPD hat nur wenige Reichskanzler in der Weimarer Republik gestellt. Dass diese Partei eine demokratisch-republikanische Partei unter der Bedingung eines Parlamentarismus und immer nur in Koalitionsregierungen gewesen ist – diese Tatsachen werden im antidemokratischen Zeitgeist kirchlicher Analytiker einfach ausgeblendet. Die Aussage von der 14-jährigen marxistischen Herrschaft lässt sich bei einem sonst so versierten Mann wie Niedermeier nur aus seinem psychologischen und politischen Drang erklären, diese Republik für das nationale und das kirchliche Leben als abgrundtiefes Unglück der Geschichte zu erklären. Aber es gibt für ihn auch Positives innerhalb der Kirche zu berichten: Die Herrschaft der liberalen Theologie mit ihrem Kulturprotestantismus ist gebrochen, eine Wort-Gottes-Theologie hat sie überwunden. Und es ist 1922 der Evangelische Kirchenbund als deutsche Kirche geschlossen worden. Wenn der Redner aus der Fülle der kirchengeschichtlichen Ereignisse diese beiden Fakten auswählt, ist dies angesichts der kirchengeschichtlichen Problem- und Ereignisfülle in der Weimarer Zeit eine sehr subjektive Auswahl.

Eine überraschende Wendung ist durch die nationalsozialistische Revolution eingetreten, die nach menschlichem Ermessen in letzter Stunde unser Volk vor dem drohenden Bolschewismus bewahrt hat und damit auch den äußeren Bestand unserer Kirche. Hinzu kommt, dass der neue Staat die Kirche will. Es ist etwas Wahres an dem Wort: Der SA-Mann hat die Kirche gerettet. Aber jetzt kommt es darauf an, dass die Kirche den SA-Mann rettet. Als Friedrich der Weise Luther auf die Wartburg rettete und Luther nach kurzer Frist gegen die Warnung seines Herrn seine Zufluchtsstätte verließ, sagte Friedrich der Weise: „Jetzt kann ich für deinen Schutz nicht mehr garantieren." Die Antwort Luthers war: „Jetzt ist es nötiger, dass ich den Kurfürsten schütze als der Kurfürst mich." So muss jetzt jeder Anschein vermieden werden, als sei die notwendige Erneuerung der Kirche ein Ausfluss der neuen staatspolitischen Situation, der sie äußerlich gewiss nicht nur ihre Rettung, sondern zum großen Teil auch den äußeren Anstoß zu energischer Erneuerung von ganzem Herzen dankt. Wir danken es unserem Volkskanzler Adolf Hitler, dass er allen Ernstes sich müht, diese Dinge zu sehen. –

Jetzt handelt es sich darum, dass alle lebendigen Kräfte in der Kirche am Neubau einer freien Kirche im freien Volk zur Arbeit herangezogen werden. Das Maß der Berechtigung zur Mitarbeit kann aber einzig und allein die Echtheit und Lebendigkeit des Glaubens und der Liebe sein. Dabei dürfen die Kräfte, die durch die nationalsozialistische Bewegung den Anstoß teils gegeben, teils aber auch selbst erst erhalten haben, nicht ein Vorrecht beanspruchen gegenüber denen, die in jahr- und jahrzehntelanger, zermürbender Arbeit ihren Mann gestanden haben. Der innere Zusammenhang des Geschehens von heute und gestern in der Kirche muss klargemacht werden. Wenn Gottes Stunde, wie wir im Glauben zu sehen meinen, durch seine Gnade für unsere Kirche jetzt gekommen ist, dann wollen wir kein Wort gegen die alten treuen Väter im Glauben und die rechtmäßigen Führer unserer Kirche sagen, die ein schweres Lebenswerk lang auf diese Stunde haben warten müssen. Die Stunde ist nicht Menschenwerk, sondern Gotteswerk. Würden wir Jüngeren, weil wir haben mitschaffen dürfen am Werden der neuen Dinge, der Versuchung unterliegen, daraus eine Anspruch auf alleinige Führung herzuleiten, dann nähmen wir damit nicht nur unseren Vätern, sondern auch Gott die Ehre, die ihm gebührt. Die Versuchung zu solcher Ausschaltung oder Hintanstellung wichtiger und bewährter Kräfte beim Neubau unserer Kirche ist unheimlich groß, da das vorwärtsstürmende Geschehen unserer Tage mit fast dämonischer Gewalt uns mitzuziehen droht. Die einzige Waffe dagegen ist die ständige ernste Besinnung auf den Herrn der Barmherzigkeit, der uns durch seine Gnade zu Brüdern untereinander und zu Werkleuten am Bau seiner Kirche berufen hat. Wie nötig diese Besinnung und herzliches Gebet um Mut und Klarheit und letzte Wahrhaftigkeit ist, zeigt sich darin, dass die Lage unserer Kirche im Augenblick trostlos verfahren erscheint.

Die Dramaturgie des Geschichtsbildes geht ihrem Höhepunkt entgegen. Die machtpolitische Aussage am Anfang: Die „nationalsozialistische Revolution" hat die Kirche vor dem Bolschewismus gerettet. Ihr Dank geht an den Volkskanzler. Im Gegensatz zu vielen kirchlichen Zeitinterpreten sieht Niedermeier in dem Auftrag der Erneuerung der Kirche nicht eine Folge der politischen Umwälzung, sondern die Kirche muss sich von ihren Voraussetzungen her am Neubau einer freien Kirche im freien Volk beteiligen. Sie muss von ihrem Glauben und von ihrer Liebe her allen die Möglichkeit geben, die sich in der Vergangenheit abgemüht haben, ihre neue Mitverantwortung auf sich zu nehmen. Hier dürfte gemeint sein: Die Deutschen Christen mit ihrer besonderen Nähe zum Nationalsozialismus haben nicht das Recht unter Ausschaltung der älteren Generation die alleinige Führungsrolle im Neubau der Kirche zu übernehmen. Das dürfte in der Situation des überbordenden Selbstbewusstseins der Deutschen Christen ein klares Wort gegen ihre „Machtergreifung" in der Kirche sein. Gefordert ist eine brüderliche Zusammenarbeit aller am Neubau der Kirche. Dies im Juni 1933 gesagt zu haben, erweist Niedermeier als einen Pfarrer, der Widerstand gegen eine Usurpation der Kirche durch eine Kirchenpartei leistet.

Seine Treue zum reformatorischen Bekenntnis von der einen Kirche derer, die an Jesus Christus glauben, und auch sein Respekt vor den Brüdern im Pfarramt und in Kirchenämtern lassen es nicht zu, ein Revolutionsrecht in der Kirche zu proklamieren und sie dem neuen Staat gleichzuschalten. Ein DC-Regiment in der Kirche bedeutete das Ende der Eigenständigkeit und Freiheit gegenüber dem Staat. Zu beachten bleibt: Die freudige Zustimmung zur politischen und geistigen Rettungstat des Nationalsozialismus vor Aufklärung, Liberalismus, Demokratie, Sozialismus und Bolschewismus wird nicht gekoppelt mit einer Verwässerung oder gar Aufgabe der eigentlichen Aufgabe der Kirche, der verantwortlichen Verkündigung von Gesetz und Evangelium an alle Menschen. Der Preis für die politische Befreiung der Deutschen und für die Rettung der Kirche kann für ihn nicht die Unfreiheit der Kirche als neuer Staatskirche sein.

Ein Ausblick in die Zukunft kann darum für uns nicht in Vermutungen darüber bestehen, ob die Glaubensbewegung Deutsche Christen oder das offizielle Kirchenregiment in dem entbrannten Kampfe siegen wird. Die menschliche Meinung spricht für den Sieg der Glaubensbewegung, sofern sie eben Glaubensbewegung sein und bleiben will, und zwar nicht deshalb, weil sie die politische Bewegung hinter sich hat, wie manche so gerne sagen, sondern deshalb, weil sie so tapfer und entschlossen kämpft. Aber ein Sieg einer oder der anderen Richtung muss eine Niederlage beider sein, wenn es ein menschlicher Sieg bleibt und nicht Sieg der herrlichen Gnade Gottes wird.

Da die Führer auf beiden Seiten, wie wir vertrauen, in der heiligen Überzeugung kämpfen, aus dem Glauben heraus zu streiten und nicht um eitler Ehre oder um kirchlichen Prestiges willen, sollten wir uns darüber klar sein, dass es dann eigentlich nicht ein Kampf gegeneinander, sondern ein Kampf fürein-

ander ist. Wenn wir wirklich die Überzeugung haben, dass auf beiden Seiten der Kampf trotz aller unterlaufenden Unklarheiten und hässlichen Schwächen dennoch aus dem Glauben geführt wird und dass Gottes Gnade uns täglich, auch in diesem Kampfe, reichlich vergibt, dann dürfen wir auch die andere Überzeugung haben, dass Gott diesen Kampf segnet und die kämpfenden Männer brüderlich zusammenführt. Wir bekennen, was wir im Liede vielleicht gedankenlos gesungen haben: „Gott ist ein weiser Fürst und wird sich so verhalten, dass du dich wundern wirst." Wir wollen in dieser Stunde uns nicht streiten und einen Geist gegen den andern ausspielen, den Geist Luthers oder den Geist des Nationalsozialismus, von dem jetzt im Zusammenhang mit dem Neubau der Kirche viel und missbräuchlich geredet wird. Was wir brauchen für Volk und Kirche ist der heilige Geist Gottes, der uns alle heiligen muss durch und durch.

Der Referent nimmt hier eine Gratwanderung vor, die diesen Abschnitt und alle folgenden Abschnitte strukturiert. Er will die Glaubensbewegung, der er einen Rang auch ohne die hinter ihr stehende Bewegung gibt, ernst nehmen. Er will ihre Ernsthaftigkeit und Lauterkeit nicht bestreiten. Er rechnet mit dem Sieg der Glaubensbewegung über das traditionelle Kirchenregiment, aber ihr Sieg wäre genauso eine Niederlage wie der Sieg der anderen Seite. Seine Intention wird klar: Er will nicht einen innerkirchlichen Sieg der einen oder anderen Richtung, sondern er will den brüderlichen Dialog miteinander. Er hält die Kontrahenten der theologischen und kirchenpolitischen Auseinandersetzung für subjektiv redliche Menschen, die um des Glaubens willen streiten. Deshalb streiten sie eigentlich nicht gegeneinander, sondern letztlich füreinander. Auch wenn die Kampfmethoden manchmal hässlich waren, so gilt doch: Gott kann diesen Kampf segnen und die Kämpfer brüderlich zusammenführen. Niedermeiers Folgerung: Kein Streit mehr zwischen den verschiedenen Geistern, der heilige Geist Gottes möge alle heiligen.

Hier geschieht in fast klassischer Form, wie man durch theologische Bekenntnis- und Hoffnungssätze den anliegenden Streit meint beenden zu können. Jetzt bemüht der Referent fast emphatisch den Heiligen Geist, um die streitenden Geister zum Frieden zu bringen. Er diskutiert nicht die harten Kontroversen, da er die mögliche und notwendige Scheidung der Geister fürchtet. Die Flucht „nach oben" wird angetreten: Der Heilige Geist muss richten, was sonst nicht zu retten ist. Da er sich vor dem notwendigen Nein gegen Irrtümer und Häresie fürchtet, flüchtet er in vage Hoffnungen. Der Möglichkeit, dass vielleicht der Heilige Geist das klare Nein zu Irrlehren und zur Häresie gebietet, wird ausgewichen, nur um Trennungen und Verurteilungen zu vermeiden. Er will nicht das von der biblischen Verkündigung und von den reformatorischen Bekenntnisschriften her gebotene „damnamus" (wir verurteilen) sprechen. Die bis dahin bekannte und formulierte DC-Theologie hätte genügend Gründe dafür abgegeben. Aber gerade jetzt in der Situation der politischen Wiederherstellung der Einheit der deutschen Nation meinte er, eine Kirchenspaltung nicht verantworten zu können. Die Zustimmung zur veränderten politischen Lage ließ ihm ein Ausscheren aus den nationalen und religiösen Einheitshoffnungen aus theologischen Gründen nicht zu. Von der politisch-nationalen Parteinahme her will er die kirchlich-theologischen Binnenauseinandersetzungen und Gespräche bestimmen und entscheiden lassen. Die Politik bestimmte letztlich auch bei ihm die kirchenpolitischen Ziele. Niedermeier hat zu jenen gehört, die nichts mehr fürchteten als eine Spaltung der Kirche.

So wollen wir auch nicht Namen von Männern gegeneinander ausspielen, sei es Bodelschwingh, Müller oder Kapler und seine Mitarbeiter. Vielmehr wollen wir uns in dieser Stunde ernstlich besinnen auf unser Ordinationsgelübde, auf unser Synodalgelöbnis und darauf, dass wir als Kirchenvertreter unserer Gemeinde alle gelobt haben, unser Amt gemäß den Ordnungen unserer Kirche vor Gott zu führen. Der Streit um die Rechtmäßigkeit dessen, was in den letzten Wochen die Vertrauensmänner des Deutschen Evgl. Kirchenbundes beschlossen und getan haben, haben wir hier nicht zu entscheiden. Unsere Aufgabe ist es, in dem Maß, als Gott uns Gnade gibt, mit Gebet und Arbeit dafür zu sorgen, dass unsere Kreisgemeinde im Glauben und in der Liebe fest und geschlossen dasteht. Wir wollen es lernen – der Geist der neuen Zeit verlangt es gebieterisch von uns –, gehorsam hinter der Führung unserer Kirche zu stehen, der wir uns verpflichtet haben. Diese Führung liegt im Augenblick in der Hand Friedrich von Bodelschwinghs, ob wir damit einverstanden sind oder nicht.

Dies ist in der Situation des Monats Juni ein klares Bekenntnis für den Gehorsam aller kirchlichen haupt- und nebenamtlichen Ämter gegenüber der kirchlichen Obrigkeit, die repräsentiert wird durch den Reichsbischof Friedrich von Bodelschwingh. Diesem am 27. Mai von den Bevollmächtigten der Landeskirchen gewählten Reichsbischof soll der Gehorsam gelten. Niedermeier weiß natürlich, dass die Deutschen Christen diese Wahl nie anerkannt haben und die Wahl des Wehrkreispfarrers Ludwig Müller zum Reichsbischof durch die Kirchenregierungen forderten. Er mutet den Bochumer Deutschen Christen um der Geschlossenheit der Synode willen zu, Bodelschwingh an-

zuerkennen. Dessen Pfingstpredigt vom 4. Juni war im Rundfunk nicht übertragen worden, aber die von Müller aus der Kirche von Wang in Schlesien.
Am 8. Juni war Hermann Kapler (1867-1941) als Präsident des Preußischen
Oberkirchenrates und des Deutschen Evangelischen Kirchenausschusses zu-
rückgetreten. Bodelschwingh trat zwei Tage nach der Bochumer Synode am
24. Juni nach der Ernennung von August Jäger (1887-1949) zum Staats-
kommissar für sämtliche Landeskirchen Preußens zurück. Niedermeiers Position brach durch die sich überschlagenden Ereignisse in Berlin zusammen.
War es ein Mangel an politischem und kirchenpolitischem Realitätsbe-
wusstsein? Hat er die vielen Anzeichen, die auf einen Umbau der alten Kirchenordnungen hinwiesen, nicht erkennen können oder wollen? Niedermeier
ist mit der ihm gegebenen Redlichkeit und mit der Bereitschaft zum brüderlichen Zusammenleben ein hohes Risiko eingegangen. Er hoffte gegen die
Fakten auf ein „Pfingstwunder" wenigstens in seiner Synode.

Unsere Kirche und unser Volk können es nicht ertragen, dass unsere Ge-
meinden und Synoden jetzt in dieser Stunde aufgespalten werden. Wenn die Brü-
der unter uns, die in der Glaubensbewegung Deutscher Christen stehen, mit
Misstrauen und Ablehnung dem Werk der gegenwärtigen Leitung unserer Kir-
che gegenüberstehen, dann soll das nicht künstlich totgeschwiegen oder durch
ein faules Kompromiss verkleistert werden. Sie werden es sich nicht nehmen las-
sen, und dürfen es auch nicht, das, was sie als Recht erkannt zu haben glau-
ben, durchzufechten innerhalb der Kirche. Man kann heute, nachdem der Ge-
gensatz vorhanden und offenbar geworden ist, keine Gewaltlösung mehr
versuchen – und zwar auf beiden Seiten nicht –, ohne die Kirche nicht nur in
ihrem Bestand, sondern auch in ihrem inneren Wert zu verderben. Wenn wir
aber wirklich im Bekenntnis unserer Kirche einig sind, dann werden wir auch
den Weg zueinander finden! Hier auf der Synode muss es sich erweisen, ob wir
im Glauben und in der Liebe echt sind; hier schon möchten wir nicht ohne die
Gewissheit gegenseitiger herzlicher, brüderlicher Liebe und treuer Fürbitte al-
ler füreinander und für unsere teure Kirche bleiben.

Hier wird überdeutlich, wie der junge Pfarrer versucht, auf der einen
Seite den Deutschen Christen das Recht zur Ablehnung der bestehenden Kirchenleitungen zuzugestehen, aber andererseits ihren Kampf als einen Kampf
innerhalb der Kirche verstehen möchte. Eine Gewaltlösung bedeutete für
ihn den Zusammenbruch der Kirche. Und dann wieder sein fast pathetischer
Aufruf zu Glauben und gegenseitiger Liebe. Wieder ist zu beobachten, dass
er – durchaus in dieser Situation verständlich – das Idealbild einer christli-

chen Gemeinde abruft, um ihre reale Situation zu überwinden. Diese Imperative hatten aber längst keinen Anhalt mehr in der Realgestalt der Synode und vieler ihrer Gemeinden.

Wir sind verantwortlich dafür, dass die Atmosphäre, die vergiftet ist, ehe noch ein eigentlicher Wahlkampf begonnen hat, rechtzeitig wieder sauber wird. Wie können wir erwarten, dass der Kampf um unser Volkstum mit reinen Waffen weitergeht, wenn wir evangelischen Christen nicht einmal in der Lage sind, den Kampf um unseren allerheiligsten Glauben so ritterlich zu führen, wie es Gottesstreitern, Streitern Christi gebührt!? Wir dürfen nicht durch böse Kampfmethoden uns den Weg zueinander verbauen. Heimliche taktische Manöver sind ebenso unwürdigend verderblich wie demagogisches Ausnutzen alten Misstrauens gegen Kirche und Pfarrerschaft nach Art parteipolitischer Propagandamethoden, die jetzt überholt sein sollten. Beide Arten des Kampfes sind weder Zeichen der Kraft noch der Klugheit, sondern aus dem uneingestandenen Gefühl der inneren Schwachheit geboren und streiten gegen das köstliche Johanneswort: „Furcht ist nicht in der Liebe, sondern die völlige Liebe treibt die Furcht aus. Wer sich aber fürchtet, der ist nicht völlig in der Liebe." Soll die gegenwärtige Kampfesweise mit all ihren Entgleisungen hemmungslos so weitergehen, etwa bis zum 31. Oktober?, und dann auf dieser Grundlage eine Wahl zum höchsten kirchlichen Amt erfolgen? Wir müssen uns in Grund und Boden schämen vor den Hunderttausenden derer, die einst in Verbitterung, unter Druck und Verführung die Kirche verlassen haben und nun wieder den Weg zu ihr suchen. Sie erwarten von der Kirche gewiss doch etwas Höheres als das jammervolle Bild eines Bruderzwistes. Wir wollen uns nicht darüber streiten, wer an diesem Bruderzwist Schuld trägt, wie es zankende Kinder auf der Gasse tun. Wir kennen das Gesetz Christi: „Liebe Brüder!, so ein Mensch etwa von einem Fehler übereilt würde, so helft ihm wieder zurecht mit sanftmütigem Geist, ihr, die ihr geistlich seid; und siehe auf dich selbst, dass du nicht auch versucht werdest. Einer trage des andern Last, so werdet ihr das Gesetz Christi erfüllen." (Gal. 6, Vers 1-2) Sind wir bereit, in solcher tragender Liebe unsere wirkliche Kraft zu beweisen? Wenn uns das nicht gelingt, dann hämmern wir am Bau der Kirche und hämmern sie in Trümmer.

Dieser Abschnitt zeigt den Realisten Niedermeier. Er weiß genau, wie zerstritten seine Kirche ist, wie hier mit schlimmsten Methoden gegeneinander gekämpft wird. Er weiß, dass auch in Bochum Pfarrer und Gemeindeglieder nicht mehr miteinander redeten und nur den notwendigen kirchenorganisatorischen Kontakt hielten. Er weiß aus unmittelbarer Erfahrung, was Bruderzwist bedeutet. Die Schuldfrage, wie es zu dieser Situation gekommen ist, will er ausschalten, um wieder zur Versöhnung zu kommen. Er hält es einfach nicht aus mitzuerleben, wie die Kirche sich selbst in Trümmer schlägt und wenig überzeugend handelt gegenüber den Erwartungen gerade derer, die den Weg zur Kirche neu gefunden haben. Wieder appelliert er mit Bibelzitaten, zur Brüderlichkeit zurückzukehren. Noch kann er sich nicht vorstellen, dass es nicht die Möglichkeit gemeinsamer Umkehr gibt.

Nur, wo vollkommene Lauterkeit herrscht, kann das Rufen vernommen werden, das aus der nationalsozialistischen Bewegung nach der Kirche verlangt. Nur so ist ein Verstehen auf beiden Seiten möglich. Dabei handelt es sich nicht nur um unsere Kirche, auch nicht und erst recht nicht nur um die einzelnen Menschen, sondern ebenso sehr wie um unsere Kirche, so um das Heil unseres deutschen Volks und den Bestand des Reiches. Die Kirche hat dem Staat etwas zu geben, was er aus sich selbst nicht hat, nämlich die allerinnerlichsten Aufbaukräfte. Sauberkeit im öffentlichen Leben kann ein Staat auf die Dauer nur dann schaffen, wenn die Maßstäbe für Sauberkeit aus Gottes heiligem Wort immer neu gewonnen und gefestigt werden. Zur Erziehung wehrhafter Jugend ist der Geist einer Ritterlichkeit unentbehrlich, zu der uns Gott allein die blanken Waffen reicht. Jede Schule, die mehr vermitteln will als bloßes Wissen, wozu auch das innere Wissen um die naturgegebenen Werte des Volkstums gehört, jede Schule, die das mögliche Wissen wirklich fruchtbar machen will, bedarf des unvergänglichen Schatzes, welcher der Christenheit im Evangelium anvertraut ist. Nur so bleiben wir bewahrt vor völkischer Schwärmerei, die auch die Heiden kennen und durch die das Judenvolk zum Fluch der Welt geworden ist.

Nun verbindet Niedermeier wieder die kirchlich-theologischen Imperative mit dem Hinweis auf die Erwartungen, die der Nationalsozialismus gegenüber der Kirche und ihrer Arbeit hat. Und wieder die Verbindung von Heil des Volkes und Bestand des Reiches. Kirche ist für ihn eine notwendige Bildungsmacht im neuen Staat. Sie kann Werte für den einzelnen Menschen und für den Staat vermitteln, die der Staat von sich aus nicht hat. Sie hat einen Fundus von individual- und sozialethischen Werten, die sie in den Neubau des Gemeinwesens einbringen kann. Sie hat einen Erziehungsauftrag, dessen Normen und Kriterien nur in Gesetz und im Evangelium zu finden sind. Von ihnen her sind auch die natürlichen Ordnungen zu verstehen und zu gestalten. Den kleinen Hinweis auf die „völkische Schwärmerei" sollte man nicht übersehen. Es ist die Ablehnung einer säkular-biologistischen Ethik. Er sieht im Nationalsozialismus in erster Linie eine politische Befreiungsbewegung, (noch) nicht eine weltanschauliche Konkurrenz zur christlichen Tradition. *Diese Aufgaben kann die Christenheit nur erfüllen, wenn sie als freie Kirche im Staate lebt. Die Kirche kann nicht dankbar genug sein, dass aus eben dieser Erkenntnis der Dinge heraus staatliche Mächte ihr einst Schutz gewährt haben, wenn auch oft unter Einengung ihrer Freiheit. Sie hat manch goldene Fessel tragen müssen und sich innerlich so daran gewöhnt, dass sie selbst den Schutz des Staates von 1918 gesucht hat, der ihr wesensfremd war. Wir haben das mit Beschämung eingesehen, nicht ohne Hilfe der scharfen Kritik von den Männern aus dem Kampfkreis um Adolf Hitler. Gott schenke der gegenwärtigen Regierung die Zuversicht, dass eine freie Kirche, solange sie wirklich Kirche Jesu Christi bleibt, dem Heil des Volkes und des Staates dienlicher ist als eine Kirche, die auch nur den Anschein einer Gebundenheit an den Staat trägt.*

Der Zusammenhang ist klar: Die Kirche kann ihre Aufgaben gegenüber dem neuen Staat nur erfüllen, wenn sie „freie Kirche" ist. Die staatskirchenrechtlichen Lösungen vor und nach 1918 haben je auf ihre Weise der Kirche Fesseln angelegt. Nun wird gegenüber dem neuen Staat die Hoffnung formuliert, dass er seinerseits versteht, dass die Kirche für ihn am nützlichsten ist, wenn sie auch nur den Anschein einer Staatsgebundenheit meidet. Auch Niedermeier glaubt wie viele mit ihm an die Chance, dass die Kirche in völliger Freiheit von staatlichen Fesseln endlich sein kann, was sie historisch noch nie gewesen ist: nur Kirche Jesu Christi. Das dürfte eine Erwartung sein, die auf einen Mangel an gründlicher Beschäftigung mit nationalsozialistischen Texten hinweist. Die Vorstellung, dass sich der neue Staat mit seiner Staatsjugend, der Hitlerjugend, auf christliche Werte in der Erziehung festlegt, hat in der polit-pädagogischen Literatur des Nationalsozialismus keine Anhaltspunkte.[60] Er wie viele andere konnten oder wollten nicht sehen, dass das im Parteiprogramm stehende „positive Christentum" nicht identisch war mit der Zustimmung zu den konfessionellen Kirchentümern. Die Kenntnis der nationalsozialistischen Literatur aus den Jahren vor 1933 war in kirchlichen Kreisen sehr begrenzt. Erst nach den Septemberwahlen von 1930 war im kirchlichen Schrifttum der Nationalsozialismus ein durchgehendes Thema geworden, aber nie von zentralem Interesse. In den Kirchenleitungen gab es kaum Mitglieder der NSDAP. Die Glaubensbewegung Deutsche Christen war erst 1932 gegründet worden. Diese Fakten können erklären, dass die meisten Kirchenchristen über Pressemeldungen und über unmittelbare Eindrücke hinaus über

---

[60] Zur NS-Pädagogik s. Hans-Jochen Gamm: Führung und Verführung. Pädagogik des Nationalsozialismus, Frankfurt/New York 1984

keine genaueren Kenntnisse der inneren Textur der NS-Ideologie verfügten. *Damit der Staat aber und alle Menschen, die jetzt nach der Kirche fragen, wissen, ob sie Vertrauen zur Kirche haben können, brauchen wir ein klares Bekenntnis der einen, freien, deutschen, evangelischen Kirche, ein Bekenntnis, welches die ewige Wahrheit des Evangeliums in Beziehung setzt zu den Nöten und Hoffnungen unseres völkischen Daseins. Den Kern dieses Bekenntnisses muss das Zeugnis des Apostels bilden: „Ich hielt mich nicht dafür, dass ich etwas wüsste unter euch, ohne allein Jesum Christum, den Gekreuzigten" (1. Kor. 2, Vers 2). Dieses Bekenntnis kann eine festere Brücke zwischen Lutheranern und Reformierten werden, als es die altpreußische Union war. Wenn wir die Gewissheit haben, dass wir in der Ewigkeit eine Herde und ein Hirte sein werden, dürfen wir dann nicht auch auf dem Wege dieser Ewigkeit entgegen immer näher zusammenfinden, bis das Ziel uns ganz vereint? Sollte die innere und äußere Not und Hoffnung unseres Volkes uns nicht dahin bringen, dass wir evangelischen Christen trotz mancher Lehrunterschiede, die sich nicht gewaltsam wegdisputieren lassen, die Gemeinschaft mit unserem erhöhten Herrn in seinem Abendmahl gemeinsam schenken lassen!?*

Wenn Niedermeier jetzt nach einem klaren Christusbekenntnis der evangelischen Kirche ruft, hat das zwei Funktionen: einmal um dieses Bekenntnis in das neue völkische Dasein zu sprechen, zum andern die lutherische und reformierte Tradition in die Einheit der einen Kirche einzubringen. Auch die Teilung in Lutheraner und Reformierte kann durch ein gemeinsames Christusbekenntnis ein Ende haben. Wenn Niedermeier nun zu einer eschatologischen Argumentation greift, zeigt dies eine Argumentationsfigur, die in bestimmten Situationen immer Konjunktur hat: Wenn wir später alle eins sein werden, warum dann nicht schon jetzt ein Ende der Streitigkeiten anstreben und brüderlich zusammenleben? Was in der Ewigkeit Realität wird, kann eben schon jetzt seine Vorschattung haben. Und Zeichen dieser futurischen Eschatologie kann bereits jetzt die gemeinsame Abendmahlsfeier sein. Vergleichbar dem Zitieren von einzelnen Bibelsprüchen verwendet Niedermeier Hoffnungssymbole, die sich mehr religiösen Erwartungen verdanken, aber nicht eindeutig in der Schrift bezeugt sind. Es ist mehr eine religionspsychologische Konstruktion, das Ende des irdischen Streits durch den Hinweis auf die erhoffte Ewigkeit zu beenden. Dass der aktuelle Streit vielleicht ein notwendiger Streit um die Wahrheit in der Gegenwart ist, diese Erkenntnis wird relativiert. Ist es wieder eine Flucht in eine weltenferne Zukunft, die der Entscheidungsdramatik in der Gegenwart ihren Ernst nimmt?

Man wagt es darüber hinaus heute vielfach, selbst das Bild einer einheit-
lichen deutschen Christenheit zu sehen, die den tief gewurzelten Gegensatz zwi-
schen Wittenberg und Rom einmal nicht mehr kennen wird. Es mag sein, dass
dabei ein Gutteil liberaler Optimismus bei manchen die Quelle dieser Hoffnung
ist. Wir können den konfessionellen Riss, der durch die deutsche Christenheit
geht, nicht leicht nehmen, wollen ihn um des Evangeliums willen auch nie ver-
schleiern. Aber wir müssten uns schämen, wenn wir nicht Gott zutrauen woll-
ten, dass er einmal durch eine lebendige Erweckung jahrhundertealte Gegen-
sätze verschwinden lassen kann. Unser Bekenntnis muss von der Überzeugung
getragen sein, die die Apostel erfüllte und die in der Heiden- und Judenmission
noch heute lebendig ist, dass unser Glaube der Sieg ist, der die Welt überwun-
den hat.

Dass der in der Geschichte handelnde Gott in der Lage ist, alle jahrhundertealte Unterschiede, die ihre Bedeutung gehabt haben, durch das Ereignis
einer neuen Erweckungsbewegung aufzuheben, gehört ebenfalls zum Hoff-
nungspotenzial Niedermeiers. Er kann dies nur formulieren, weil er eine
Zeit gekommen sieht, in der die nationale Revolution durch einen religiösen
Neuaufbruch ergänzt wird. Trennungen mögen ihre Zeit gehabt haben, sie verlieren ihren Sinn in dem Maße, wie der Glaube die Welt überwindet. Die vor-
mals zerrissene politische Welt hat ihre neue Einheit im vereinten deutschen
Volk gefunden, zur Einheit der einen deutschen Kirche muss der neu erwachte Glaube führen. Allein der gemeinsame Glaube an den gekreuzigten
und auferstandenen Herrn wird das Ende der gespaltenen Kirchen und die
Bruderschaft aller Gläubigen bringen.

So dachten und glaubten viele christliche Zeitgenossen. Das Jahr 1933 ist
die politische Wende, es hofft nun auf die große religiöse Wende.[61] Ihr Zusam-
menspiel könnte dann eine Epochenwende bedeuten:

Dieses Bekenntnis kann nur wirksam werden, wenn es nicht dabei bleibt,
dass es säuberlich verfasst, in Druck gebracht und programmatisch verkündet
wird, sondern wenn wir Synodalen, unsere Presbyter und Gemeindeverordne-
ten, es wahrhaftig leben und von Haus zu Haus in die Gemeinde tragen. Das
deutsche Volk wartet darauf, dass es einer Kirche begegnet, gerade in diesen
Tagen, wo die neu erwachte Hoffnung mit der bittersten Not der Erwerbs-
losigkeit in den Herzen kämpft. Jetzt geht es darum, ob unser Volk die Heimat

---

[61] Siehe Günter Brakelmann: Hoffnungen und Illusionen evangelischer Prediger zu Beginn des Dritten
Reiches. Gottesdienstliche Feiern aus politischen Anlässen, in: Detlev Peukert, Jürgen Reulecke (Hg.):
Alltag im Nationalsozialismus, Wuppertal 1981

findet, die keine Not ihm nehmen kann. Und wir haben nach menschlicher Vor-aussicht noch schwere Jahre vor uns! Das übersehen die hoffenden Massen leicht, obwohl unseres Volkes Führer mit allem Ernst immer wieder hinweist auf den mühsamen Weg, der vor uns liegt. Wenn die Arbeit, die hier zu tun ist, in unseren Riesengemeinden auf den wenigen Pastoren allein ruht, dann kommt die Kirche zu spät. Wir alle müssen so in die Gemeinde hinein, dass unsere Ge-meindeglieder wissen: Hier begegnet uns die Kirche. Es genügt nicht, dass un-seren Frauenhilfen in unermüdlicher Treue ihre unersetzliche Liebesarbeit aus dem Glauben tun. Wir brauchen das Bekenntnis der Männer in dieser männlichen Zeit und vor allem der Männer, die im Rat der Gemeinde sitzen. Wenn dazu als Nachwuchs und Stoßtrupps die Jugendverbände der Kirche kom-men, dann fehlt es nicht an den äußeren Vorbedingungen zur Erfüllung der Auf-gaben, die die Kirche in unseren Tagen hat.

Für Niedermeier ist in der Tat die Zeit gekommen, dass die Kirche sich in den Nöten des Volkes neu beheimatet durch die politische und soziale Mit-arbeit aller Christen im neuen Gemeinwesen. Sie muss vor allem ihre Män-ner ins öffentliche politische Engagement schicken, ergänzt durch die Ju-gendverbände der Kirche. Es ist der Aufruf zur Mobilisierung der Gemeinde, vor allem ihrer Männer- und ihrer Jugendarbeit, sich aktiv an den Staatsauf-gaben zu beteiligen. Es ist ein Gemeindeverständnis, das den Gedanken der Sammlung von Gemeindegliedern ergänzt durch den Gedanken ihrer Sendung in die nationale Mitverantwortung. Kirche hat einen volksmissionarischen Auftrag und einen Auftrag zur politischen Diakonie. Niedermeier ist (noch) davon fest überzeugt, dass diese freie Kirche vom neuen Staat und seinem Volk gewollt ist.

Wir wissen und müssen uns immer wieder darauf besinnen, dass all unsere Treue niemals eine Garantie für den Erfolg sein kann. Nicht wir bauen die Kir-che, sondern Gott erwählt und beruft sie zu seiner Zeit. Dass wir seiner Gnade gewiss sind durch Christus, ist uns reicher Grund genug zu freudiger Arbeit. Wir wollen uns ein Beispiel nehmen an unserer alten Generation, die jahrzehn-telang, auf die Masse des Volkes gesehen, vergeblich gearbeitet hat. Sollten wir jetzt ernten dürfen, so ernten wir das, was die vor uns gesät haben. In noch schärferer Deutlichkeit wird uns diese Tatsache bewusst, wenn wir uns daran erinnern, dass unser Herr und Heiland Jesus Christus als Lohn für seine Ar-beit das Kreuz auf sich nahm, obwohl seine Arbeit nicht mit Irrwegen belastet war, wie die Arbeit unserer Kirche es war und sein wird. Kein Knecht aber ist über seinen Herrn, der Herr hat gesiegt und wird auch über uns siegen. Gott

helfe uns, auf der Seite des Siegers zu stehen nach seiner Barmherzigkeit!
Dass alles eigene Mühen nicht zum Erfolg führen muss, zeigt die Erfahrung derer, die hart, aber umsonst gearbeitet haben. Alles ist an Gottes Segen gelegen. Diese allgemeine Aussage traditioneller Frömmigkeit wird überhöht durch einen nicht häufig gehörten christologischen Hinweis: Der Herr hat als Lohn seiner irrtumslosen Arbeit das Kreuz tragen müssen. Das kann auch das Schicksal seiner heutigen „Knechte" sein. Aber: Am Ende hat der Herr gesiegt. Es bleibt die Hoffnung, dass Gott hilft, auf der Seite des Siegers zu stehen.

Wieder bringt der Redner eine theologische Pointe, die sich in frommer Rhetorik verliert. Ein theologisch-systematisches Denken löst sich auf in fromme Analogien: Wie Christus das Kreuz getragen hat, kann es auch das Schicksal der heutigen Christusgläubigen sein. Aber so wie er gesiegt hat, kann es im Glauben an ihn auch den Sieg seiner gegenwärtigen Nachfolger geben. Am Ende steht nicht eine klare Verpflichtung der Gemeinde, gewonnen aus theologischer Verantwortung, sondern die Skizze einer offenen Möglichkeit. Er vermeidet jede klare bekenntnis- und handlungsorientierte Entscheidung für die Gegenwart. Es bleibt eine folgenlose Theologie ohne den Mut, konkrete Reformen für den Gehalt und für die Gestalt einer bekennenden Kirche zu benennen. Sein Ziel, Irrtümer und Irrwege innerhalb der kirchlichen Strukturen durch brüderlichen Dialog zu überwinden, lässt ihn den Schritt in ein Entweder-oder (noch) nicht gehen.

Der Sieg der Deutschen Christen in den Kirchenwahlen vom 23. Juli 1933

Am 23. Juli finden Kirchenwahlen in der Preußischen Kirche statt. Die Glaubensbewegung Deutsche Christen gewinnt fast zwei Drittel der Sitze. Ein gewaltiger Erfolg. Auch in Bochum fielen 6.000 Stimmen auf sie und nur 2.000 auf andere Listen.

Es gab in Bochum neben den Deutschen Christen in einzelnen Gemeinden alternative Wahlvorschläge unter verschiedenen Namen: Bekenntnisfront Evangelische Kirche, Evangelium und Kirche, Liste Pfisterer und andere. Es zeigte sich bei diesen Wahlen mit den vorauslaufenden Wahlkämpfen, dass die große Versöhnungsrede von Niedermeier keine Wirkung gezeigt hat. In welcher Form die Deutschen Christen gekämpft haben, zeigt ihr Aufruf:

Was will die Bekenntnisfront „Evangelische Kirche"?

Um ihrer selbst statt um des Evangeliums willen

1. *eine Kirche, die auf die Frage der neuen Zeit Antwort gibt im alten Geist; nur an den bestehenden Zustände nichts ändern, denn „alles ist schön und gut".*
2. *eine Volkskirche, die angibt, sich der Politik zu enthalten, aber den neuen Staat, der ihr das Eigenleben erst ermöglicht, bekämpft, wo sie nur kann.*
3. *eine Pastorenkirche ohne Volk*
4. *eine Kirche, deren Kirchenvolk in den aussterbenden Vereinen sitzt, und die, soweit sie noch lebensfähig, geeignet sind, Ehe und Familie zu zerstören.*
5. *eine Kirche, die vorgibt, gegen die Gottlosigkeit in aller Form zu kämpfen, wozu ihr aber die Soldaten fehlten: das lebendige Kirchenvolk, daher muss sie in diesem Kampfe unterliegen.*
6. *eine Kirche, die den Gottesruf nach einer wirklich einigen Kirche, der in der Gegenwart durch unser Volk und Vaterland geht, nicht hören will, die den 1. Artikel unseres lutherischen Glaubensbekenntnisses nicht versteht und die gottgewollten Grundlagen in Volk und Rasse missachtet.*
7. *die durch Sabotage die Neuordnung der kirchlichen Dinge zu hintertreiben sucht und die einen Verzweiflungskampf führt, um sich die Besetzung der Ämter und die Führung der Kirche zu sichern.*
8. *eine Kirche, deren Anhänger vorgeben, für Gottes Sache zu kämpfen, und die ihrige meinen.*
9. *eine Kirche, die die Ideen des Evangelischen Volksdienstes und schwankender nationaler Pfarrer konservieren will, weil sie die Zeichen der Zeit immer noch nicht verstanden haben und weil sie glauben, dass an ihrem Wesen einmal noch Deutschland genesen werde.*
10. *eine Kirche, deren Pfarrern um des Evangeliums und Gewissens willen zu kämpfen vorgeben und damit ihre eigene Macht meinen.*

Darum, evangelische Volksgenossen, bei der Kirchenwahl am 23. Juli 1933 keine Stimme der Bekenntnisfront „Evangelische Kirche". Jede Stimme der Glaubensbewegung „Deutsche Christen".

Kreisleitung der Glaubensbewegung „Deutsche Christen", Kirchenkreis Bochum[62]

---

[62] BA vom 22./23.07.1933

Diese Annonce, die von Unterstellungen gegenüber dem theologischen und kirchenpolitischen Gegner wimmeln dürfte, entspricht dem Stil und dem Niveau vieler innergemeindlicher und innersynodaler Auseinandersetzungen. Auf diesem Hintergrund überragt die Synodalrede von Niedermeier als redliche Bemühung um einen Brückenbau zwischen den verhärteten Fronten menschlich und sachlich den normalen „Bruderzwist".

Es zeigt sich vor und nach der Kirchenwahl überdeutlich, dass die erste Hälfte des Jahres 1933 in der städtischen und kirchlichen Öffentlichkeit das Jahr der Deutschen Christen gewesen ist.

Am 16. August 1933 kommt es noch zu einer Wahlsynode, bei der sich die „Bekenntnisfront" und die „Deutschen Christen" unversöhnlich gegenüberstehen. Letztere nutzen ihre Mehrheit rücksichtslos aus. Es ist verständlich, dass es weitere gemeinsame Synoden erst nach Kriegsende in Bochum gegeben hat. Am 26. November 1934 hat es dann die erste Bekenntniskreissynode gegeben. Die Bochumer Evangelische Kirche war tief gespalten. Sie existierte auf der Synodalebene und in ihren Gemeinden nur noch in ihren kirchenpolitischen Lagern. Zu Gesprächen zwischen ihnen hat es später Ansätze gegeben, die aber nicht zu einer Annäherung geführt haben. Es gibt Berichte, dass Amtsbrüder und Presbyter nicht mehr miteinander gesprochen haben. Aus Brüdern waren Feinde geworden.

Es schien nach den Kirchenwahlen nur noch eine Frage der Zeit zu sein, bis die Kirche im Sinne der völkischen Theologie dem NS-Staat gleichgeschaltet werde.

Nun aber ereignet sich gerade in der Gauhauptstadt und in der Hochburg der Deutschen Christen eine theologische Gegenbewegung, die es vergleichbar in kaum einer anderen Synode in Deutschland so früh gegeben hat. Pfarrer aus Bochum und anderen Städten des Ruhrgebiets formulierten unter der Federführung des Holsterhauser Pfarrers Ludwig Steil (1900-1944) und des Bochumer Pfarrers Hans Ehrenberg (1883-1958) ein „Pfingstbekenntnis" (4. Juni 1933). Es ist die erste größere systematisch durchreflektierte Stellungnahme gegen die DC-Theologie und die staatliche Kirchenpolitik. In ihrem Gefolge entwickelte sich in Bochum und im Ruhrgebiet eine erste Hochburg der späteren Bekennenden Kirche.

Teil 2: Das „andere Bochum"

Das „Bochumer Pfingstbekenntnis"

Es gab in der Synode Bochum einen Gemeindepfarrer, der von Anfang an den Prozess der Selbstzerstörung der Kirche durch die kirchenpolitische Kampftruppe der Deutschen Christen beobachtet und erlebt hat: Hans Ehrenberg (1883-1958). Er hatte einen Amtsbruder, mit dem er in engster persönlicher und kirchlich-theologischer Gemeinschaft gestanden hat: Lic. Albert Schmidt (1893-1945).

Ehrenberg stammte aus einer jüdischen Großfamilie mit bildungsbürgerlicher Tradition, die in Deutschland bekannte Universitätsprofessoren hervorgebracht hat. Ein Teil der Familie war zum Protestantismus konvertiert. Mit seinem Vetter Franz Rosenzweig, der ein bekannter jüdischer Religionsphilosoph wurde, hat Ehrenberg philosophische und interreligiöse Diskussionen geführt. Begonnen hat Ehrenberg mit einem nationalökonomischen Studium und nach seinem Militärdienst Philosophie studiert. In beiden Fächern hat er promoviert. 1909 trat er zum Protestantismus über, von 1910-1925 war er Privatdozent und Professor für Philosophie in Heidelberg. Vor allem lehrte und publizierte er über die Philosophie des deutschen Idealismus. Er war ein exzellenter Kenner von Kant und Hegel. Ein Schwerpunkt seiner Arbeit wurde aber immer mehr die Religionsphilosophie, verbunden mit einem Einstieg in die Theologie. Von 1914-1918 war er als Offizier Kriegsteilnehmer. In zahlreichen Veröffentlichungen verarbeitete er seine Kriegserlebnisse. Seine reflektierte Zeitgenossenschaft brachte wissenschaftlich eine endgültige Hinwendung zu Theologie und Kirche. Politisch öffnete er sich für Demokratie und Republik. 1918 wurde er Mitglied der SPD und arbeitete als Herausgeber des Sonntagsblatts des arbeitenden Volkes innerhalb der Bewegung des Religiösen Sozialismus mit. Seine Themen wurden: Kirche und Arbeiterschaft, Kirche und Arbeitswelt. Innerhalb der Philosophie entwickelte er zusammen mit Rosenzweig und Eugen Rosenstock eine Sprach- und Dialogphilosophie. Er gab Texte russischer Religionsphilosophen heraus und betrieb eine frühe Auseinandersetzung mit dem Bolschewismus. Er engagierte sich im evangelisch-katholischen Gespräch und in der ökumenischen Bewegung.

1925 verließ er den für ihn steril gewordenen Universitätsbetrieb und wurde nach einem kurzen offiziellen Theologiestudium Pfarrer in Bochum. Neben seiner pfarramtlichen Tätigkeit redete und schrieb er über praktisch-theologische, sozialethische und ordnungspolitische Themen. Am Ende der Weimarer Republik legte er in dem Buch „Deutschland im Schmelzofen" (1932) den Entwurf eines dritten Weges zwischen Kommunismus und Faschismus vor. Von besonderer Bedeutung war seine Teilnahme am christlich-jüdischen Dialog. Scharf kritisierte er den Antisemitismus in Kirche und Gesellschaft. 1933 brachte seinen Rückzug aus der politischen und philosophisch-theologischen Publizistik. Er konzentrierte sich auf Gemeinde und Theologie. Als Theologe der Bekennenden Kirche führte er seinen literarischen Kampf gegen die völkische Theologie weiter. Die judenchristliche Frage wurde zur persönlichen Schicksalsfrage, die Bekenntnisfrage „Kirche und Israel" zur Wahrheitsfrage der Kirche. Nach Angriffen der NSDAP auf den Juden und Weimarer Demokraten versetzte ihn seine Kirchenbehörde 1937 in den Ruhestand. In der Nacht vom 9. auf den 10. November 1938 wurde seine Wohnung zerstört. Mit anderen Bochumer Juden zusammen kam er ins KZ Sachsenhausen. Über diese Zeit hat er später an mehreren Stellen berichtet. Im April 1939 wurde er entlassen und mithilfe des ökumenisch ausgerichteten englischen Bischofs George Bell konnte er mit seiner Familie nach England ausreisen.

In Bochum und im Ruhrgebiet dürfte er einer der bedeutendsten Theologen, Philosophen und Soziologen gewesen sein.

Albert Schmidt ist als Sohn eines Metzgermeisters in Hagen 1893 geboren und aufgewachsen. Nach dem Abitur 1913 begann er sein Studium in Bethel und Bonn. Vom 5. August 1914 bis zum 12. Dezember 1918 ist er als Kriegsfreiwilliger Frontsoldat gewesen. Er hat Materialschlachten im Westen miterlebt. Das „Fronterlebnis" hat ihn in seinem späteren Denken stark geprägt, aber er hatte auch die Erfahrung gemacht, dass es für einen Handwerkersohn schwer war, Offizier zu werden. Schließlich wurde er doch noch Leutnant, dekoriert mit dem Eisernen Kreuz 2. und 1. Klasse. Verwundet kam er im Herbst 1918 ins Ersatzlager nach Döberitz und erlebte hier die Revolution im Arbeiter- und Soldatenrat. Nach seiner Entlassung nahm er das Theologiestudium in Berlin, Gießen und Münster wieder auf. 1922 schrieb er eine Dissertation über „Die Weltanschauung des Pazifismus im Lichte des christlichen

Glaubens." Die Kriegs- und Nachkriegszeit hatte ihn zu einem politisch mitdenkenden und engagierten Zeitgenossen gemacht.

Seine kirchliche Laufbahn begann er als Vikar in Witten, als Hilfsprediger in Herne und Recklinghausen und schließlich als Pfarrer in Bottrop-Eigen. 1926 kam er als Pfarrer in die Altstadtgemeinde Bochum. Neben seinem Pfarramt engagierte er sich für den „Christlich-Sozialen Volksdienst", einer Abspaltung von der Deutsch-nationalen Volkspartei, einer bewusst protestantischen Partei, hervorgegangen aus der christlich-sozialen Bewegung.[63] 1930-1933 ist er für diese kleine nationalsoziale Partei Mitglied im Reichstag. Für die Ernennung Hitlers zum Reichskanzler hatte er durchaus anfänglich starke Sympathien, musste aber bald sehen und erleben, dass das neue System totalitäre Züge annahm und eine Kirchenpolitik betrieb, der er als bewusster Lutheraner nicht anerkennen konnte. 1933 ließ er zu den Wahlen am 5. März 1933 ein Flugblatt mit dem Titel „Narkotikum für das protestantische Deutschland" verteilen. Früh geriet er in die Aufmerksamkeit der Gestapo durch zwei Predigten: am 21. Mai über „Der Christ und die Obrigkeit" und am 10. November zum 450. Geburtstag Martin Luthers. 1938 solidarisierte er sich mit Hans Ehrenberg. Er wurde verhaftet, kam ins Polizeigefängnis, wurde aus Bochum ausgewiesen und nach vielen Krankenhausaufenthalten 1940 Pfarrer in Werther bei Bielefeld. Dort ist er am 20. November 1945 an den Spätfolgen seiner Kriegsverletzungen und an den Folgen seiner Inhaftierung gestorben.

Die beiden Amtsbrüder Ehrenberg und Schmidt mit ihren ganz verschiedenen Lebensläufen und individuellen Prägungen haben in Bochum begründet, was sich bald die „Bekennende Kirche" genannt hat. Ehrenberg, der Lutheraner, nahm mit dem reformierten Pfarrer Ludwig Steil (1900-1945) aus Holsterhausen bei Wanne-Eickel Kontakt auf und unter ihrer beider Leitung arbeitete ein Arbeitskreis in vielen Gesprächen das „Bochumer Pfingstbekenntnis" (4. Juni 1933) aus. Die Diskussionspartner aus Bochum waren Hans Fischer, Alfred Hartmann, Rudolf Hardt, August und Walter Krämer sowie Albert Schmidt. Rund 100 Unterschriften von Pfarrern aus dem Ruhrgebiet, aus Bethel und aus anderen Orten kamen zusammen. Zu den Unterzeichnern gehörte auch der mit Ehrenberg befreundete Westfale Martin Niemöller, 1933 Pfarrer in Berlin Dahlem.

---

[63] Siehe Günter Opitz: Der Christlich-Soziale Volksdienst. Versuch einer protestantischen Partei in der Weimarer Republik, Düsseldorf 1969

Wort und Bekenntnis westfälischer Pastoren zur Stunde der Kirche und des Volkes (Bochumer Pfingstbekenntnis)

Der Glaube der Väter erwacht.
Unser Volk fragte die Kirche, was sie bekennt.
Wir bekennen den Dreieinigen Gott.
Es geht uns nicht nur um Treue gegen das Erbe der Väter, es geht uns um Vollendung der Reformation.

Wir haben das lautere Evangelium verkündet, wir hatten den Glauben an die Eine Herde, und wir begnügten uns doch mit einem bekenntnisschwachen und uneinigen Landeskirchentum.

Heute aber ruft uns mit vielen Brüdern die Herrlichkeit des Amtes, und wir erkennen, dass uns mit der Stunde des Volkes auch die Stunde der Kirche geschenkt ist. Der Herr der Kirche selber ruft.

Er, den wir bekennen als den Sohn des lebendigen Gottes, des Gottes Abrahams, Isaaks und Jakobs, das fleischgewordene Wort,

Er, der in der Niedrigkeit des Menschen in die Welt kam, von den Propheten verheißen. von einer Jungfrau geboren, Gott und Mensch zugleich, der uns seine Brüder nennt,

Er, der uns durch sein Wort, sein Tun, sein Sterben und sein Auferstehen zum Eigentum des Vaters macht, auf dass wir gerettet werden,

Er, auf dessen Wiederkunft wir hoffen, in der Kraft des Heiligen Geistes Seine Gemeinde und Kirche.

Er ruft uns auf, heute Seine Bekenner zu sein.

Artikel 1: Von des Menschen Herrschaft und der Erbsünde

Der Mensch ist vom Schöpfer dazu erschaffen, sich die Erde untertan zu machen.

Aber, wo der Mensch seine Herrschaft über die Erde benutzt, um sich zum Herrn aller Herren zu machen, handelt er im Gegensatz zu der Schöpfungsherrschaft Gottes, wirft die ihm vom Schöpfer gegebene Vollmacht über die Erde weg und verfällt mit seinen Werken den Dämonen. Daher ist die Erde und die Geschichte voll von entfesselten Gewalten und Mächten. Vergeblich hat der Mensch sie zu bannen versucht in welthistorischen Organisationen, geistesgeschichtlichen Systemen, entwicklungsgeschichtlichen Utopien.

Wir aber erblicken darin die unabänderliche Auswirkung der Erbsünde und bekennen daher unsere Grenzen. Nur dieses Bekenntnis bewahrt uns vor dem

Frevelmut und vor der Verzweiflung. Dass wir trotzdem immer wieder dem Hang verfallen, sowohl dem Frevelmut als auch der Verzweiflung den Vorzug zu gehen, und dadurch weder Gott noch den Menschen noch den Dingen noch uns selbst ihr Recht zukommen lassen, das offenbart unsere Sünde. Also sind auch die Grenzen des Menschen Gottes Ordnung.

Artikel II: Von den Ordnungen und Geboten

Wir bekennen, dass Gottes Schöpferwille das Leben des Menschen seiner ordnenden Gewalt unterstellt und um unserer Sünde willen für die Ordnungen Gebote erlässt. Keiner von uns steht außerhalb der Ordnungen, in denen er geboren wird, lebt, arbeitet, leidet, sich fortpflanzt und stirbt. Familien, Völker, Staaten gehen zu Grunde, wo der Mensch an den Ordnungen sündigt. Darum schützt Gott seine Ordnungen durch seine Gebote und ermächtigt Menschen, Hüter dieser Ordnungen zu sein.

Wir bekennen uns zu dem gesamten Bereich der Schöpfung: Blut, Volkstum, Lebenskraft und Gesundheit offenbaren auch in der gefallenen Welt die Schöpfungsherrlichkeit Gottes.

Elternmacht, Volksordnung, Staatsgewalt haben ihr Recht von Gott. Weltliches Regiment führt Gottes Schwert. Das Gesetz Gottes verleiht die Macht, weist die Aufgabe zu und bewahrt die Ordnungen vor Auflehnung oder Missbrauch.

Im Geheimen wissen alle diese Ordnungen darum, dass sie von der Gnade Gottes leben und ohne Kirche sich selbst nicht genug sind. Alle Ordnungen schreien daher nach „Seele"; sie meinen damit in Wirklichkeit die Kirche.

Artikel III: Vom Ort der Kirche

Evangelische Kirche spricht in diese Ordnungen hinein das Wort Gottes.

Wir bekennen, dass die Kirche die durch Gottes jetzt geschehendes Wort aufgerufene Gemeinschaft ist, in welcher Christus wahrhaftig gegenwärtig ist. Daher ist Kirche, wo wirklich der lebendige Christus ist, und wo lebendige Kirche ist, da ist Christus. Durch Ihn im Glauben gerechtfertigt, stehen ihre Glieder mit einem neuen Leben mitten in den Ordnungen.

Der Ruf des Wortes trennt Evangelische Kirche von aller eigenen Machtausübung und gibt ihr ihren eigenen Ort, an dem sie um ihres Auftrags willen hier und jetzt bestimmte Gestalt gewinnen muss. Weil sie nicht Machtordnung ist, ist sie allen anderen Ordnungen gegenüber frei und kann darum nicht in einen Wettstreit mit ihnen geraten.

In den unausbleiblichen Grenzstreitigkeiten zwischen der Kirche und den Ordnungen der Macht, Familie, Volk, Staat, ist die Kirche durch den Heiligen Geist berufen und berechtigt, autoritativ zu entscheiden. Sie tastet dabei niemals die Schöpfungsgemäßheit des Volkstums und die Gottgewolltheit des Staates an.

Der Dienst der Kirche geschieht in der Predigt des biblischen Evangeliums, in der Verwaltung der Sakramente und im Gemeinschaftsleben der Liebe. Ihr ganzer Dienst lebt aus der Hoffnung auf das Reich des wiederkommenden Christus. Indem die Kirche ihre Glieder dadurch bindet, dass sie bekennt, stellt sie in der sichtbaren Welt den Leib Christi dar und verkündet den Ordnungen der Schöpfung die Gestalten ihrer echten Verwirklichung.

Das ist ihr Dienst in den Ordnungen und am Volk. So ist sie jedermanns Herr und jedermanns Knecht.

Ein Volk ohne diese Kirche kann keine rechte Selbstkritik üben und vergötzt unbußfertig entweder den Staat oder die Kultur oder das Volkstum.

Das deutsche Volk mit solcher Kirche wird fähig, seine Sendung zu erfüllen, als Volk der Reformation und als Herz der Völker.

Artikel IV: Von Irrlehren und Lästerungen

1. Wir verwerfen außer den alten Schwärmereien die neue Schwärmerei des 1. Artikels und erklären: Alle Völker und Rassen stehen unter dem Fluch, der über alles Naturhafte ergeht; kein Volkstum erlöst sich aus den Tiefen seines Wesens, denn die Verderbtheit reicht bis in seine Tiefe.

Ebenso verwerfen wir alle kirchlichen Aussagen über die Schöpfungsordnungen und das Gesetz Gottes, die außerhalb des Evangeliums geschehen; sie entstehen aus der gleichen Schwärmerei.

2. Wir verwerfen das Abwerten der Schrift nach moralischen Gesichtspunkten der Vorbildlichkeit des biblischen Geschichtsstoffes. Die Bibel ist kein Ideal-, sondern ein Realbuch der Offenbarung der Sünde und der Verheißung der Gnade und verträgt keinerlei Auswahlprinzip, durch das die Einheit des Wortes der Offenbarung Alten und Neuen Testamentes gefährdet wird.

3. Wir verwerfen alle Verkürzungen in den Aussagen über das Erlösungswerk Christi, weil wir uns zur vollen Stellvertretung Christi, zur Schande des Kreuzes und zur Demütigung des sündigen Menschen durch das Erbarmen Christi bekennen. Rom, idealistische Vermittlungstheologie, artgemäßes Christentum lästern durch solche Verkürzung die Gnade.

4. Wir verurteilen die Scheu der Kirche, das Werk Christi lehrhaft darzu-

stellen. Wo die Kirche das Lehramt nicht ausübt, verliert sie Gegenwart und Ewigkeit zugleich, verfällt dem Staate und wird schuldig am inneren Sterben ihrer Gemeinden und ihrer Glieder.

5. Wir verwerfen alle Verwechslung und Vermengung des Tuns der Kirche mit dem Tun des Staates als Liberalismus. Die „Sünden wider die Schöpfung", wider Rasse, Familie, Volk, Staat, gehören vor das Richtamt des Staates und dürfen ihrer Bestrafung nicht liberalistisch entzogen werden.

Ebenso verwerfen wir die Gleichsetzung der Judenmission mit der Heidenmission als Liberalismus, um der heils- und endgeschichtlichen Stellung Israels willen, und verurteilen alle Kirchenspaltung, die den Judenchristen aus den Kirchen der Heidenchristen aussondern will.

Schließlich verwerfen wir den Anspruch des Staates, total zu sein, der in der liberalistisch-idealistischen Irrlehre vom Staat (Fichte, Hegel, Marx) wurzelt. Wir fordern, dass der Staat sich nach Luthers Lehre von der Obrigkeit begrenzt, weil er nur dann sein Schwert mit ganzer Strenge führt.

In Unterwerfung unter das Lehramt und das Hirtenamt der Kirche erstreben wir keine Sonderaktion, sondern eine Stärkung und Verbreiterung der sich bildenden Bekenntnisfront (Dreier-Ausschuss, Altonaer Pastoren, Jungreformatorische Bewegung, Junglutherische Arbeitsgemeinschaft).[64]

Interpretation des Pfingstbekenntnisses[65]

Das Vorwort nimmt einen häufigen Redetopos der Wochen nach der „nationalen Revolution" auf: Das Volk fragt die Kirche. Was die Kirche in der Situation der „nationalen Wende", die als politischer und moralischer Aufbruch interpretiert wird, zu sagen habe, wie sie sich zum Untergang des alten „Systems" und zum Aufbau des neuen völkisch-autoritären Staatswesens zu stellen gedenke – dies waren in der Tat Fragen, die aus dem Bereich des deutschen Protestantismus an die Kirche und an ihre Pastoren gestellt wurden. Die Kirche, ihre Organe, Prediger und Laien, konnten nicht so tun, als wäre nichts geschehen. Jede nur denkbare Aussage in dieser nationalpolitischen und weltanschaulichen Aufbruchstimmung musste auch und gerade als theologische Aussage oder als kirchliches Bekenntnis eine politische Stellungnahme implizieren. Jede noch so zentral theologisch gemeinte Positionsbe-

---

[64] Br. 2, 327 ff.
[65] Br. 1, 120 ff.

stimmung hatte angesichts völkisch-nationalistischer und nationalsozialistischer Selbstinterpretationen und Absichtserklärungen einen politischen Kern und eine politische Intention. Das theologische Bekenntnis vollzog damit auch die Scheidung der politischen Geister.

Zwei Frontstellungen geben dem Pfingstbekenntnis Inhalt und Struktur: Es geht gegen die Theologie der Deutschen Christen und gegen die Grenzüberschreitungen des Staates. Die unaufgebbare Substanz kirchlicher Theologie wie Recht und Grenze der natürlichen und geschichtlichen Ordnungen stehen zur Entscheidung. Das eigene notwendige Bekennen unter den besonderen Bedingungen der eigenen Zeit kann sich zunächst nur im Rückgriff auf die Schrift und die Bekenntnisse der Kirche vollziehen, sich aber nicht darin erschöpfen. Die Kirche lebt von dem, was in der Schrift bezeugt und in den Bekenntnissen bekannt wird. Jede Aktualisierung in Verkündigung und Lehre kann nur von diesem Fundament ausgehen. Von der „Sache" her, die es öffentlich zu vertreten gilt, kann allein zur „Lage" gesprochen werden. Was der „Welt" in ihrem Zeitgeist, mit ihren Sehnsüchten und Hoffnungen, mit ihren Idealen und Praktiken zu sagen ist, ist die unverkürzte biblisch-reformatorische Wahrheit. Von deren Inhalten im Einzelnen her kann sich das Gespräch in und mit der Situation vollziehen. Von der Sache her kann dieses Gespräch als Begegnung nur ein kritisches, d. h. die Geister entlarvendes und die Geister scheidendes, Gespräch sein.

Das Pfingstbekenntnis ist von dieser inneren Textur bestimmt. Subjekt des Redens und Bekennens ist die Kirche. Sie ist dort, wo in der Vollmacht des Amtes das Evangelium verkündigt wird und durch das Spenden der Sakramente sich Gemeinde als communio sanctorum sammelt und bildet. Wortverkündigung wie Sakramentsspende haben den einen Inhalt: Jesus Christus. Wer Kirche sagt, muss Jesus Christus sagen. Wer Jesus Christus sagt, muss Kirche sagen. Dieser ekklesiologische (von der Kirche her) und dieser christozentrische (von Christus her) denkende Ansatz bildet die Grundlage und Klammer des Ganzen. Im Blick auf Jesus Christus werden in Aufnahme der altkirchlichen Glaubensbekenntnisse bekräftigt: seine Gottessohnschaft, seine Abrahamskindschaft, seine Inkarnation, die Erfüllung der Prophetenweissagung in ihm, seine Jungfrauengeburt, seine Zwei-Naturen-Existenz, seine Bruderschaft zu allen Menschen, sein Sterben und Auferstehen für die Rettung aller Menschen, seine Wiederkunft. Als Bekenntnis der Kirche zu Jesus Christus umfasst es die zentralen Aussagen zum Heils-, Rettungs- und Erlösungswerk des Gottessohnes.

Von besonderer Wichtigkeit ist das Bekenntnis zum „Sohn des lebendigen Gottes, des Gottes Abrahams, Isaaks und Jakobs". Dieses Bekenntnis impliziert die grundsätzliche Absage an jede Trennung der beiden Testamente. Es soll auf die Einheit von Verheißung und Erfüllung hinweisen und das Judesein des Gottessohnes betonen.

Man wird die Bedeutsamkeit und die Funktion dieses Rückgriffs auf die traditionellen Bekenntnisse über die Person und die Ämter Jesu Christi nur richtig einschätzen können, wenn man den zeitgenössischen Ausverkauf kirchlich-theologischer Tradition zugunsten schweifender Religiosität im Dienste eines aktuellen politisch-moralischen Wollens vor Augen hat. Die Reduktion von kirchlicher Christologie auf Formeln sogenannter jesuanischer Frömmigkeit und Ethik waren genauso an der Tagesordnung wie völkisch-religiöse Umdeutungen Jesu zum Urbild deutschen Heldentums. In dieses zeitgenössische Gemisch aus subjektivistischer Erlebnisreligiosität und politischer Gebrauchstheologie altkirchliche und reformatorische Bekenntnisse und Lehraussagen hineinzusprechen, führte notwendigerweise zu einem theologischen Scheidungs- und Reinigungsakt und gleichzeitig war es offensive Kampfansage an Irrtum und Häresie. Die Bekennende Kirche wurde kämpfende Kirche. Sie versuchte, die sie von außen bedrückenden Angriffe und die in sie selbst eingedrungenen Irrlehren und falschen Ordnungen auf dem Wege theologischer und konfessorischer Konzentration zurückzuweisen und durch wahre Lehre und richtige Praxis zu überwinden. Schrift und Bekenntnis dienten so nicht der Wiederbelebung einer alten Dogmatik, sondern einer aktuellen Reformation von Kirche unter den Bedingungen eines bestimmten Hier und Heute. Diese Konzentration auf Schrift und Bekenntnis wurde zum Fundament einer lebendigen Kirche in ihrer Zeit für ihre Zeit, ohne sich an sie zu verlieren. Denn diese Kirche lernte, von der „Sache" her zur „Lage" zu sprechen. Sie wurde die Kirche des Wortes und nicht der vielen Worte zur Lage.

Das Bochumer Bekenntnis ist ein Stück des sehr realen Versuchs, unter den Bedingungen eines zum Teil emphatischen nationalpolitischen Aufbruchs bewusster als bisher Kirche zu werden. Dies bedeutete nicht Rückzug in fromme Innerlichkeit oder gettohafte Kirchlichkeit, sondern die bewusste Annahme der Tageswirklichkeit mit ihren Problemen, bedeutete eine theologisch verantwortbare Reflexion der natürlichen und geschichtlichen Ordnungen wie die kritische Analyse eines spezifischen Zeitgeistes. Kirchliche Theologie konnte die in ihr steckende kritische Potenz voll entfalten. Theologische Aussagen konnten offenlegen, was sich hinter der starken Sprache eines politischen Messianismus verbarg.

Für Hans Ehrenberg selbst war die kirchlich-theologische Grundsatzarbeit im Kontext zeitgenössischer Weltanschauungen und politischer Handlungsträger eine gewohnte Übung. Er selbst muss 1933 nichts Neues sagen. Er muss es jetzt nur noch profilierter sagen. An die Stelle des Weimarer Pluralismus ist der monokratische Anspruch der Theorie und Praxis des Nationalsozialismus getreten. Diese bestimmen den „Zeitgeist". Für ihn war 1933 eine Radikalisierung der Entscheidungssituation, die sich in der Endphase der Weimarer Republik angekündigt hatte. Die Themen, die jetzt in eine größere Öffentlichkeit drangen, hatte er selbst seit Jahren existenziell durchlebt und literarisch behandelt. In seinen Positionsbestimmungen und in seinen Formulierungen 1933 konnte er auf den Schatz seiner Erfahrungen und Reflexionen aus der Weimarer Zeit zurückgreifen. Er hatte einen eigenen Erkenntnis- und Lernprozess hinter sich, als sich die Situation für alle dramatisierte. Er konnte deshalb in seinem Umfeld theologische Führerschaft übernehmen. Denn wer hatte sich mit Bolschewismus und Nationalsozialismus, mit Antijudaismus und Antisemitismus, mit politischer und völkischer Theologie intensiver auseinandergesetzt als er?

Er gehörte in der Tat zu den wenigen Gemeindepfarrern, die intellektuell und theologisch vorbereitet in den neuen Kirchenkampf gingen. Auch in der doppelten Frontstellung war er schon geübt: gegen die Irrlehren der eigenen Kirche und gegen die Ideologien in der Politik. Vor allem aber gab es nur wenige Theologen in Deutschland, die die „Judenfrage" so intensiv zu ihrem eigenen existenziellen und prinzipiellen Anliegen gemacht hatten wie Ehrenberg. Auch in dieser Hinsicht gibt es keine einzige Aussage nach 1933, die nicht in Kontinuität zu früheren Aussagen steht. 1933 brachte für Ehrenberg eben keine kirchlich-theologische „Wende" in seinem Leben, sondern nur eine dramatische Zuspitzung. Er erkannte, dass nun nicht mehr die Zeit persönlicher Aufsätze, Broschüren oder Bücher war, sondern die Situation eine Aussprache zwischen den Brüdern im Amt erforderte, um gemeinsam ein verbindliches Bekenntnis für Kirche und Christen in ihrer Zeit zu formulieren. Das Fundament musste zur Sprache gebracht werden, um mit Vollmacht in das Gewirr der Zeitstimmen hineinzusprechen. Einzelkämpfertum reichte nicht mehr aus, Bruderschaft war notwendig. Es ging nicht mehr um theologische Schul- und Streitfragen, sondern um die gemeinsame Bezeugung der Wahrheit der christlichen Botschaft.

Es ist deshalb sachgerecht, wenn nun der Artikel I des Bochumer Pfingstbekenntnisses mit einer einfachen theologisch-anthropologischen Erinnerung beginnt. Er weist auf des Menschen Ursünde hin, sein zu wollen wie
Gott. Sie wird als Ursache der Selbstüberhebung des Menschen definiert, der
sich seine Denk- und Organisationssysteme schafft, um selbstmächtig, d. h.
im Gegensatz zu Gottes Schöpfungsherrschaft, über alles zu herrschen. Genau das aber führt zur Dämonisierung, zur Entfesselung grenzenloser Gewalten und Mächte. Diese Erbsünde des Menschen tobt sich im Medium von
Geschichte aus.

Angesichts einer völkisch-rassischen Anthropologie, die den Menschen als
Herrn und Helden definiert, angesichts eines politischen Gigantismus, der die
Lösung aller politischen Probleme verheißt, angesichts eines beginnenden
Führer- und Herrschaftskultes gewinnt die bloße Erinnerung an die Grenzen
des Menschen den Rang aktueller politischer Kritik. Die Lehre von der Sünde
des Menschen wird eine anthropologische Aussage, die an die Wurzel einer
völkisch-nationalen Selbstdurchsetzungs- und Selbsterlösungstheorie geht.
Der Grenzenlosigkeit biologistischer Argumentation wird die Begrenztheit
des menschlichen Wollens und Vollbringens entgegengesetzt. Eine theologische Wahrheit über den Menschen entlarvt die Lüge der zeitgenössischer
Selbstverherrlichung und des zeitgenössischen politischen Messianismus.

Christlich-anthropologisches Wissen entlarvt den grenzenlosen Herr-
schaftsanspruch des neuzeitlichen Menschen als den Ursprung der Dämonisierung aller geschichtlichen Wirklichkeit. Der Nationalsozialismus wird in
diesem Denken, ohne dass es ausgesprochen werden muss, als zeitgenössischer Höhepunkt dieses anthropologischen Wahns, der nur zu praktischem
Wahnsinn führen kann, verstanden.

Von der theologischen Anthropologie ausgehend, kommen die Ruhrge-
bietspfarrer in Artikel II zur theologischen Ordnungslehre. Sie ist zunächst
ganz im Stil traditioneller reformatorischer Ordnungstheologie abgefasst:
Gott hat um der Sünde der Menschen willen – d. h. um der chaotischen Tendenzen willen, die ein selbstmächtiges Menschentum entbinden – natürliche
und geschichtliche Ordnungen geschaffen und für ihre Erhaltung und Gestaltung Gebote gegeben und Menschen ermächtigt, Hüter dieser Ordnungen
zu sein. Es sind Ordnungen (wie Blut, Volkstum, Lebenskraft, Gesundheit, Elternmacht, Volksordnung, Staatsordnung), die auch in der gefallenen Welt die
Schöpfungsherrlichkeit Gottes bezeugen. Dieser Rahmen des Artikels wird
aber durch die Aussage durchbrochen, dass alle Ordnungen insgeheim wissen,

„dass sie von der Gnade Gottes leben und ohne die Kirche sich selbst nicht genug sind. Alle Ordnungen schreien daher nach ‚Seele', sie meinen damit in Wirklichkeit die Kirche."

Die Schöpfungslehre wird also in die Gnadenlehre einbezogen. Die Ordnungen besitzen keine Autonomie. Sie sind nichts von sich selbst her und sie sind nichts auf sich selbst hin. Sie sind Teil und haben teil an dem einen Gnadenwerk Gottes als des dreieinigen Gottes, dessen Schöpfungs- und Heilswerk zwar zu unterscheiden sind, aber nicht beziehungslos voneinander getrennt werden können. Gott als der Schöpfer ist der gnädige Gott. Die von ihm gestifteten und aufgetragenen Ordnungen können deshalb nie Selbstzweck sein, können sich nicht eigengesetzlich verselbstständigen, sondern haben einen Auftrag, eine Funktion für das irdisch-politische Zusammenleben der Menschen zu erfüllen. In ihrer inneren Gestaltung sind sie den Geboten Gottes unterworfen. Sie können sich nicht absolut setzen. Weil Schöpfungsordnungen und Gebote Gottes als gnädige Weisen seiner Welterhaltung zu begreifen sind, ist es allein die Kirche, die die Wirklichkeit dieser Ordnungswelt verstehen und interpretieren kann. Sie, die Kirche, kennt auch die Wahrheit der Ordnungen.

Deshalb ist es folgerichtig, wenn in Artikel III „vom Ort der Kirche" gesprochen wird. Kirche, als die im Glauben gerechtfertigte Gemeinde verstanden, hat es mit den Ordnungen dieser Welt zu tun. Ihre Glieder haben „mit einem neuen Leben mitten in den Ordnungen" zu stehen, d. h. christliche Existenz zu bewähren. Die Kirche selbst, weil sie nicht Machtordnung ist, steht allen Ordnungen frei gegenüber. Sie ist nicht deren Konkurrent. Da sie als Kirche um die Funktionen der Ordnungen in Gottes gnädiger Erhaltungsordnung weiß, ist sie in den „unausbleiblichen Grenzstreitigkeiten zwischen der Kirche und den Ordnungen der Macht, Familie, Volk, Staat … durch den Heiligen Geist berufen und berechtigt, autoritativ zu entscheiden".

Dies ist ein aufregender theologischer Gedanke. Man geht davon aus, dass es nicht ein friedliches Nebeneinander von Kirche und Ordnungswelt geben kann. Da man die autonomen und die selbstzerstörerischen Tendenzen von Ordnungen und Menschen kennt, wird die Kirche von diesem ihrem theologischen Wissen her immer im begrenzten oder totalen Konflikt mit den Mächten und Gewalten dieser Welt liegen müssen. Sie wird immer darüber wachen müssen, wo und wann die Ordnungen ihr Mandat erfüllen oder es pervertieren. Ohne dass die Faktizität von Ordnungen infrage gestellt werden kann, steht ihre Qualität, d. h. ihre Auftragsgemäßheit, immer zur Entscheidung. Unter der Anleitung des Heiligen Geistes muss deshalb die Kirche aus ihrem theologischen Wissen um die Einheit der drei Artikel in ihrer Unterschiedenheit heraus in Konfliktfällen autoritativ, d. h. verbindlich, für ihre Christen beschließen und bekennen.

Die Kirche Jesu Christi – nur von ihr ist hier die Rede – bekommt damit ein ordnungskritisches Amt, ein politisches Wächteramt. Wurde die Schöpfungslehre zuvor in die Gnadenlehre, so wird nun die Ordnungslehre in die Ekklesiologie einbezogen. Oder anders: Fiel zuvor das Licht vom zweiten auf den ersten Artikel, so nun vom dritten auf den ersten. Der trinitarische Gesamtzusammenhang ist hergestellt. Wir können nun den Eingangssatz verstehen: „Wir bekennen den Dreieinigen Gott." Wo von Schöpfung, Erlösung und Kirche die Rede ist, muss zugleich von der „Hoffnung auf das Reich des wiederkommenden Christus" gesprochen werden. Diese eschatologische Dimension gibt der ganzen bisherigen theologischen Denkbewegung die letzte Spannung und Tiefe. Kirche mit ihren Äußerungsformen in Predigt, Sakramentsverwaltung und Liebesgemeinschaft stellt „in der sichtbaren Welt den Leib Christi dar und verkündigt den Ordnungen der Schöpfung die Gestalten ihrer echten Verwirklichung".

Dies ist wieder eine bis dahin selten gehörte theologische Position. Die geglaubte Kirche wird nicht nur als der unsichtbare Leib Jesu Christi begriffen, sondern sie hat, da sie zwischen den Zeiten, zwischen Schöpfung und Wiederkunft Jesu steht, sichtbare Gestalt angenommen und hat auch mit dieser ihrer vorläufigen Gestalt Bedeutung für die Ordnungen, die in der Zwischenzeit sein müssen. Es gibt also eine Analogiefähigkeit und eine Analogiebedürftigkeit zwischen der Gestalt der Kirche und den Ordnungen dieser Welt. Die Kirche bezeugt mit ihrem Dasein als Liebesgemeinschaft schon jetzt den Ordnungen, wie sie einst sein werden. Auf beide – Kirche und Ordnungswelt – wartet die eine Zukunft Gottes. Durch diese Aussagen wird einerseits die Unterschiedlichkeit von Kirche und Welt bewahrt, andererseits noch einmal ihr aktuelles und eschatologisches Aufeinanderbezogensein betont.

Das Wächteramt der Kirche in der Zwischenzeit und die Hoffnung auf die Letztzeit gehören zusammen. Diese Spannungen offen zu halten, Distanz und Nähe zugleich zur Welt zu wahren, Kirche so zu leben, dass die Welt in ihr die Verwirklichung ihrer Zukunft erblicken kann – das ist der Dienst, den die Kirche im Vorletzten angesichts des Letzten den Ordnungen leisten kann –, frei und gebunden zugleich. Drei konkrete politische Konsequenzen ergeben sich aus der Orts- und Funktionsbestimmung der so geglaubten Kirche: Sie verhindert die Vergötzung des Staates, der Kultur oder des Volkstums. Sie ermöglicht, dass das deutsche Volk seine wahre Sendung als „Volk der Reformation und als Herz der Völker" erkennt. Sie hilft, die wahre Volksliebe zwischen den Polen von Selbstbewusstsein und Selbstkritik zu halten. Kirche hat mit ihrer Verkündigung des Wortes Gottes in die Ordnungen hinein eine klare politische Funktion. Sie bewahrt bei aller grundsätzlichen Anerkennung der von Gott gegebenen und aufgegebenen Ordnungswelt eben diese Ordnungen vor ihrer hypertrophen Pervertierung, vor ihrem Entgleiten aus den göttlichen Geboten.

Artikel IV zieht nun einige Konsequenzen im Blick auf das, was die Kirche anerkennen und was sie um der Wahrheit willen ablehnen muss. Dass die folgenden Verwerfungen voll in die geistige Situation und Diskussion des Jahres 1933 eingreifen, dürfte überdeutlich werden. An den Verwerfungen wird vollends sichtbar, was in den Konfessionssätzen zuvor an Nein enthalten war. Die erste Verwerfung gegen die Schwärmerei des 1. Artikels lehnt jede völkische Selbsterlösungstheorie ab. Alle Völker und Rassen stehen unter dem „Fluch, der über alles Naturhafte ergeht". Dies ist ein klares Wort gegen die sozialdarwinistischen Rassenlehren, gegen idealistische Volkstumsideologien und gegen jeden biologischen Naturalismus, ein klares Nein gegen zeitgenössische vitalistische Positionen, für die die christliche Sündenlehre eine Beleidigung des Menschen und seiner natürlichen und geschichtlichen Möglichkeiten ist.

Ist diese Verwerfungsthese auch mehr nach außen gerichtet, so sind die innerkirchlichen Schwärmereien mitgemeint. Diese haben ihren theologischen Grund in der Tatsache, dass man über Schöpfungsordnungen und das Gesetz Gottes isoliert vom Evangelium spricht. Aber nur vom Evangelium her ist zu den Fragen der Erhaltungsordnungen sachgerecht Stellung zu beziehen. Ihren Wert und ihre Würde haben sie nicht von sich selbst her, sondern von dem gnädigen Erhaltungswillen des dreieinigen Gottes. An dieser Stelle bewährt sich die anfangs entfaltete trinitarische Gotteslehre des Bekenntnisses, das den 1. Artikel vom 2. und 3. Artikel her versteht. Schöpfung gehört eben in die Gnadenlehre und in die Eschatologie.

Die zweite Verwerfungsthese richtet sich gegen jede religiös-moralistische Auswertung des biblischen Geschichtsstoffes und bezeichnet die Bibel als das, was sie ist: das „Buch der Offenbarung der Sünde und der Verheißung der Gnade". Jedes Auswahlprinzip, das die „Einheit des Wortes der Offenbarung Alten und Neuen Testaments" gefährdet, ist deshalb abzulehnen. Der damalige Leser wusste sofort, was gemeint war. Das Alte Testament drohte unter den Bedingungen eines radikalen Antisemitismus zur jüdischen Volksgeschichte zu werden. Theologisch an der Einheit der Testamente in ihrer Unterschiedlichkeit und gleichzeitigen Bezogenheit festzuhalten, war in dieser Situation ein Politikum. Den Gott Jesu Christi als den Gott Abrahams, Isaaks und Jakobs zu bekennen und das Alte und Neue Testament als die beiden Bücher des einen geoffenbarten Wortes Gottes zu verstehen, wurde zu einem mutigen politischen Bekenntnis gegen jene, die alles sogenannte Semitische aus Glaube, Tradition und Kultur auszumerzen gedachten.

Mit der dritten Verwerfungsthese kämpfen die Verfasser für eine unverkürzte Christologie. Kreuzestheologie und Gnadenlehre müssen nicht verleugnet werden. Der „Triumph der Gnade" muss gegen den katholischen Synergismus (Mitwirkung des Menschen an seinem Heil), gegen die natürliche Theologie des deutschen Idealismus und gegen das rassenbestimmte Christusverständnis der Deutschen Christen verkündigt werden. Es gilt, das reformatorische sola gratia zu sichern. Bei dieser Aussage geht es um nichts anderes als darum, die Fundamente der reformatorischen Theologie neu ins Bewusstsein zu heben: sola scriptura (die Schrift allein) – solus Christus (allein Christus) – sola gratia (allein aus Gnade). Von diesen Kriterien her entlarven sich viele zeitgenössische theologische Positionen als Irrlehren.

Die vierte Verwerfungsthese weist auf einen Zusammenhang hin, der gerade in einer Zeit hoher religiös-politischer Emotionalisierung neu bewusst wurde: Die bekennende Kirche muss gleichzeitig lehrende Kirche sein. Eine Preisgabe des kirchlichen Lehramtes bedeutet die innere Auszehrung der Gemeinden und ihrer Christen. Eine Kirche, die keine klare Lehre über das Werk Jesu Christi, über Anthropologie und Ethik hat, ist offen für den Einbruch wechselnden Zeitgeistes. Sie verliert die ihr eigene unverwechselbare Substanz. Sie verkauft sich an politische oder weltanschauliche Ersatzideologien. Nur wo kirchliche Lehre verantwortlich gewagt und gesagt wird, sichert sie sich die Kontinuität ihrer Wahrheit. Das neue Erkennen der Bedeutsamkeit von kirchlicher Lehre gehört neben der Einsicht in die Bedeutsamkeit des Bekenntnisses zu den frühen Erträgen des beginnenden Kirchenkampfes.

Die fünfte Verwerfungsthese – in drei Abschnitte unterteilt – spricht sich zunächst gegen eine „Verwechslung und Vermengung" des kirchlichen und staatlichen Handelns aus. So hat der Staat das Richteramt bei Verstößen gegen „Rasse, Familie, Volk, Staat". Mit dieser These soll gesagt werden, dass der Staat ein Strafamt hat, das sich die Kirche ihrerseits nicht aneignen, das sie aber auch nicht abwehren kann. Zentraler sind die beiden letzten Unterabschnitte, in denen eine klare kirchlich-theologische und politisch-ethische Position zum Ausdruck kommt. Um der besonderen „heils- und endgeschichtlichen Stellung Israels willen" sind Juden- und Heidenmission nicht auf die gleiche Stufe zu stellen und ist eine Kirchenspaltung in Juden- und Heidenchristen unmöglich. Anders die Deutschen Christen, die in ihren Richtlinien vom Mai 1932 formuliert hatten:

„In der Judenmission sehen wir eine schwere Gefahr für unser Volkstum. Sie ist das Eingangstor fremden Blutes in unseren Volkskörper. Sie hat neben der äußeren Mission keine Daseinsberechtigung. Wir lehnen die Judenmission in Deutschland ab, solange die Juden das Staatsbürgerrecht besitzen und damit die Gefahr der Rassenverschleierung und Bastardierung besteht. Die Heilige Schrift weiß auch etwas zu sagen vom heiligen Zorn und sich versagender Liebe. Insbesondere ist die Eheschließung zwischen Deutschen und Juden zu verbieten." [66]

Diese ganze Problematik, die im Pfingstbekenntnis nur kurz angesprochen wird, behandelt Ehrenberg später ausführlich in seinen 72 Thesen zur judenchristlichen Frage.

Wie für Ehrenberg die sogenannte judenchristliche Frage für das Kirchebleiben der Kirche von entscheidender Bedeutung ist, so ist für ihn und seine theologischen Freunde auf politischem Gebiet die Begrenzung des Staates ebenso fundamental. Ein klares Nein zum totalen Staat wird im Pfingstbekenntnis gesprochen, gleich ob er sich auf die Staatsphilosophie eines Fichte, eines Hegel oder eines Marx bezieht. Sie alle haben die eine Tendenz, das ganze Leben unter die Direktions- und Distributionsgewalt des Staates zu bringen. Der Staatsauffassung des deutschen Idealismus wird die lutherische Lehre von den Funktionen der Obrigkeit entgegengesetzt. Das zentrale Anliegen dieser lutherischen Lehre ist die Begrenzung des obrigkeitlichen Handelns: Der Staat hat in Fragen des Glaubens und des Gewissens kein Mandat. Er hat unter Beachtung der Gebote Gottes für Recht, Ordnung und Frieden zu sorgen. Von seinen Bürgern kann er nur den äußeren Gehorsam verlangen. Jeder Zugriff auf das kirchliche Leben und auf die Gewissensentscheidungen seiner Bürger ist ihm verwehrt. Unter den Bedingungen des Jahres 1933, das die rechtliche Grundlegung eines immer totaler werdenden Staates brachte, war die Erinnerung an Luthers Zwei-Reiche-Lehre, an die Lehre von den Grenzen der Obrigkeit ein Akt des politischen Ungehorsams.

---

[66] KJ, 14 ff.

Mit Luther gegen Hitlers totalitären Staat zu stehen, das widersprach der damals üblichen interpretatorischen Tendenz, Hitler als Erben Luthers zu feiern. Versuche, Parallelen zwischen der deutschen Reformation und der „deutschen Revolution" von 1933 zu ziehen, waren an der Tagesordnung. Der Lutheraner Ehrenberg hingegen kannte den Reformator besser als die national-völkischen Interpreten. Er wusste, dass die protestantische Ethik des Politischen mit der Fragestellung begonnen hatte, wieweit der Christ der Obrigkeit Gehorsam schulde und wieweit nicht. Die Vorstellung eines totalen Staates im Sinne der Durchdringung allen Lebens mit einer politischen und weltanschaulichen Direktive lag außerhalb lutherischen Staatsverständnisses. Ehrenberg und mit ihm seine theologischen Freunde erkannten klar: Die nationalsozialistische Staatsauffassung und Staatspraxis waren eben nicht eine Folge lutherischen Obrigkeitsverständnisses, sondern eine Spätfrucht der Staatsauffassungen des deutschen Idealismus, durchsetzt mit Elementen eines politisierten Sozialdarwinismus. Den Sieg des Nationalsozialismus als Sieg des Protestantismus zu interpretieren, war für sie ein tiefes Missverständnis. Gerade die Konzentration auf reformatorische Theologie, wie sie im Pfingstbekenntnis vorliegt, führte die beteiligten Pfarrer des Ruhrgebiets zu einem klaren Nein zum totalen Staat Hitlers, zu einem Nein gegen die Auflösung von Bekenntnis und Lehre in der Kirche und damit zu einer eindeutigen Absage an politisches und kirchliches Schwärmertum zugleich.

Man wird sagen können, dass es ein vergleichbar klares und dichtes theologisches Wort wie das Bochumer Pfingstbekenntnis im Raum des Protestantismus 1933 nicht gegeben hat. Hier konnte sich auswirken, dass der theologische Mentor des Ganzen die Grundzüge seiner Theologie und Ethik, die er sich in den Jahrzehnten zuvor erarbeitet hatte, eintragen konnte. Jeder Satz lässt sich in seinem Schrifttum der Weimarer Zeit schon finden.

Die Kirchenwahlen vom 23. Juli 1933 und die „Bekenntnisfront"[67]

Ein entscheidendes Datum für die Kirchengeschichte des Jahres 1933 waren die Kirchenwahlen am 23. Juli. Obwohl sie sehr kurzfristig angesetzt waren, gelang es auch in Bochum, gegen die von Partei, Staat und Presse privilegierten Deutschen Christen eine Liste „Bekenntnisfront Evangelische

---

[67] Br. 1, 130 ff.

Kirche" aufzustellen, die sich allerdings aufgrund einer von den Deutschen Christen erwirkten einstweiligen Verfügung in „Bekenntnisfront Evangelium und Kirche" umbenennen musste. In einem Flugblatt stellte dieser Bekenntnisbund sich in Bochum vor:

Der „Bekenntnisbund Evangelium und Kirche" ist ein Bund evangelischer Christen jeden Standes und Berufes, die einig sein wollen im Gehorsam gegen Gott, in der Liebe zu ihrer evangelischen Kirche, in der dankbaren Wahrung der dem deutschen Volkstum geschenkten Gottesgaben und in der Treue gegen den Staat und die dem Volke von Gott gesandten Führer.

Über sein Ziel und seine Verpflichtung sprach der Bund sich in folgenden Sätzen aus:

1. Seine unverrückbare Grundlage ist die ganze Heilige Schrift Alten und Neuen Testaments und ihre Auslegung durch die Bekenntnisse der Väter. 2. Sein Ziel ist die Bildung lebendiger Gemeinden von christusgläubigen Menschen. 3. Sein Weg heißt nicht Herrschaft, sondern hingebender Dienst und freudiges Opfer. 4. Seine Hoffnung ist die wahre Einheit der Evangelischen Reichskirche Deutschlands im Gehorsam gegen den lebendigen Christus und die Durchdringung des ganzen Volkes mit den Lebenskräften des Evangeliums. 5. Seine Verpflichtung besteht in dem unerschrockenen, bekennenden Eintreten für das lautere, unverkürzte Evangelium und für die um solches Bekenntnisses willen gefährdeten Brüder und Schwestern. 6. Seine Aufgabe ist: die Vertiefung in Gottes Wort, die Schulung in der Glaubenslehre der Väter, die Zurüstung zum Dienst an Gemeinde und Kirche, die Fürbitte für Kirche und Volk, insbesondere für die Diener am Wort und für die Führer des Volkes, das werbende Zeugnis für den gekreuzigten und auferstandenen Heiland im eigenen Haus und in der Gemeinde.[68]

So sieht das auf die Gemeindeebene transponierte Bochumer Pfingstbekenntnis aus. Diesem Flugblatt angefügt war eine Zustimmungserklärung mit folgendem Inhalt:

Ich nehme diese Sätze des „Bekenntnisbundes Evangelium und Kirche" für mich an. Ich weiß, dass weder aus meinem Wollen und Geloben noch aus der Gemeinschaft des Bundes die Kraft der Treue erwächst, die mich vor dem Verleugnen bewahrt und zum Bekennen stärkt. Darum vertraue ich allein der Leitung des Heiligen Geistes, der durch das Evangelium beruft und im rechten Glauben heiligt und erhält.

Was wir hier vor uns haben, ist der Beginn der Organisation einer Be-

---

[68] KDS, 176 f.

kennenden Kirche in Bochum lange Zeit vor dem Austeilen der späteren „Roten Karten" der übergemeindlichen Bekennenden Kirche.

Im Zusammenhang mit der Bildung des „Bekenntnisbundes Evangelium und Kirche in Bochum" und in Fortsetzung der Arbeit, die zum Pfingstbekenntnis geführt hatte, gab Ehrenberg im August 1933 einen eigenen Diskussionsentwurf mit der Überschrift „Bekenntnisfront" heraus.

Bekenntnisfront

Bekenntnisfront ist eine Glaubens- und Lehrgemeinschaft derer, die an das Wort Gottes gebunden den altkirchlichen und den reformatorischen Bekenntnissen autoritative Geltung für die Kirche der Gegenwart zusprechen. Die Bekenntnisfront sucht und findet ihre Glieder in jeder vorhandenen kirchlichen Gruppe oder Bewegung. Sie traut dem Bekenntnis die Kraft zu, ohne jede Organisation Menschen der vorhandenen Richtungen Gemeinschaft und gemeinsames Wirken zu schenken. Das Gespräch über den Ruf an das Volk des Glaubens wird eröffnet.

A. Von der Lage der Reformation

Wir glauben die Lage also zu sehen:

1. Die Gottesfrage in der Zeit der Reformation wurde wach durch das geängstete Gewissen, das zerschlagene Herz eines Einzelnen. Die Gottesfrage in unseren Tagen, aufgestört durch die Seinsangst („In der Welt habt ihr Angst") und das zerschlagene Leben des Volkes, erwacht an der existenziellen Geschichte.

2. Nöte der Seinsangst sprechen nicht; sie machen verstockt, stumm und taub; aus zerschlagenem Leben schreit das Volk auf. Die Lage der Reformation, des Kairos Wortes und der Sprache, ist uns vollkommen genommen, der Same des Wortes findet seinen Boden nicht. Das erwachte Volk kehrt daher nicht zu Gott, sondern zu seinem eigenen Erdenursprung zurück.

3. Verborgen hinter dem Erdenursprung des Volkes wird Gott geahnt; die religiösen Volkserhebungen der deutschen Geschichte dienen dazu, dass jener Erdenursprung an ihnen vervielfältigt nacherlebt wird. Die wahre Überlieferung der Christenheit, insonderheit die Reformation, ist dem Volk noch immer Fremdgut.

4. Land und Volk der Reformation haben durch eine neue religiöse Volkserhebung volklich den konfessionellen Riss geschlossen, der seit der Reformation im deutschen Volke klafft. Das wurde damit erkauft, dass sich

Land und Volk der Reformation in den Raum des Mittelalters zurückbegaben. Die „Kirche im Volk" wird daher vom Sturm vorreformatorischer Gewalten gerüttelt. Sie erkennt die Aufgabe der zweiten Christianisierung der Deutschen, vermag aber die volle Evangelisierung Deutschlands vom Raum des Mittelalters aus nicht zu bewältigen.

5. *Damit wiederholt das Volk des zwanzigsten Jahrhunderts den Eintritt Deutschlands aus dem Mittelalter in das Zeitalter der Reformation, kann aber mit seiner Seinsangst und seinem zerschlagenen Leben nicht auch in das Gotteserlebnis der Reformation eintreten. Darum ist die Lage von Volk und Kirche auch in unserem Neuaufbruch unsäglich verwickelt und undurchsichtig.*

6. *Der Reformator kämpfte in zweifacher Front, nach rechts gegen Rom und Kaiser, nach links gegen Zwingli und Münzer; jedes Mal aber konnte er rückenfrei kämpfen, weil er gegen die Schwärmer den Kaiser und den Papst, gegen Rom die Schwärmer zu stillen Bundesgenossen hatte. Die Kirche der Reformation im deutschen Volk des zwanzigsten Jahrhunderts hat noch die gleichen Gegner; jedoch haben sich diese – römische Wesen und germanische Romantik – gefunden, verbündet und sogar vereinigt: das neue Imperium teutonicum christianum gegen die kleine Schar!*

7. *Die römische Kirche ist um ihres eigenen Machtklerikalismus willen aller Machtschwärmerei, die von anderer Seite kommt, abhold. Sie beugt sich nicht vor dem neuen Imperium, findet aber in ihm Fleisch vom eigenen Fleisch: Auferstandenes Mittelalter, klerikaler Machtglaube, hierarchische Ordnungen, gratia naturam non destruit, sed supponit et perficit, religiöser Kollektivismus, geistige Diktatur, ontologische Denkweise, romantische Gläubigkeit; das deutsche Volk wird sich einen Teil dieser Güter und Werte wieder anzueignen haben, aber Land und Volk der Reformation stehen Wacht, dass dabei das Evangelium nicht verkürzt, das Kreuz nicht gekränkt und der deutsche reformatorische Mensch nicht verfälscht wird.*

8. *Das Erbe der Reformation würde bereits verschüttet sein, wenn ihre beiden dereinstigen Gegner nach ihrer Vereinigung noch in das Zentrum des Evangeliums eindringen „könnten". Das Wort sie müssen lassen stahn!*

9. *In den Zeiten der Schande Deutschlands und des Verfalls jeder Gotteserkenntnis hat es Gott gefallen, der deutschen Kirche durch rücksichtslose Besinnung auf Wort und Reformation die Theologie des Kreuzes wiederzuschenken.*

10. *Die deutsche Kirche wartet auf das urchristliche Wagnis der bekennenden*

Front, die fernab von kirchenpolitischer Taktik die Haltung der Kirche bestimmt durch Wort und Bekenntnis im Verkündigen und im Bauen. Diesem Wagnis gibt Gott die Verheißung, dass die abgerissene Brücke zum geängsteten Gewissen, zur reformatorischen Erfahrung für das Volk wieder errichtet wird. Dann löst sich die Seinsangst, und das deutsche Volk findet seinen Erlöser.

B. Von der Scheidung der Geister

1. Die überlieferten Bekenntnisse der Kirche Jesu Christi genügen nicht mehr dem Ruf des Gotteswortes an Mensch und Volk unserer Zeit. Darum geben sie nicht mehr Antwort auf alle Gegenwartsnöte und bleiben gleichwohl Autorität. Das bereitet der Kirche offenbare große Verlegenheit, die allen, die Augen und Ohren haben, aufliegt. Gott aber verheißt zu neuen Bedrängnissen neue Weisungen. Die Kirche steht in Übergängen, abzuwarten ist ihr nicht erlaubt.

So gerät sie in ernste Versuchung: Entweder sucht sie der Bekenntnisnot so zu steuern, dass sie schon von der Vergesetzlichung der alten Bekenntnisse die Erneuerung der Kirche erwartet, oder sie geht auf den Ruf der Stunde in hemmungsloser Eigenmächtigkeit ein, ohne die geschehende Preisgabe christlicher Wahrheit auch nur zu ahnen.

Wir bekennen:

Das Handeln des Heiligen Geistes in der Zeit ereignet sich im Kampf des Reiches Christi mit der Macht der Finsternis.

Das Handeln des Heiligen Geistes in der Zeit gibt aller Geschichte die durch die Endweissagung über die Völker der Erde gewiesene Richtung. Das Handeln der Kirche in der Zeit ist niemals Sanktionierung geschehener Geschichte, sondern bei allem Gehorsam gegenüber dem immer revolutionären Geschichtsmoment ein prophetisches Anpacken. Die Kirche muss das sagen, was die Welt nicht sagt.

Unter dem Wort Gottes in Schrift und Verkündigung ist daher das Bekenntnis der Kirche zum Handeln des Heiligen Geistes in der Zeit niemals Schwärmerei. Und das alleinige Zeugnis von Christus Jesus in der Schrift Alten und Neuen Testaments ist das alle Geschichte richtende und rettende Wort Gottes. Wir verwerfen das Abwerten der Schrift nach moralischen Gesichtspunkten der Vorbildlichkeit des biblischen Geschichtsstoffes. Die Bibel ist keine Idealschrift, sondern das Realbuch der Offenbarung der Sünde und der Verheißung der Gnade und verträgt keinerlei Auswahlprinzip, durch das die Einheit des Wortes der Offenbarung Alten und Neuen Testamentes gefährdet wird.

Jetzt kann die Bibel wieder das Geschichtsbuch der Menschheit werden, gelesen von den Kindern, gelebt von den Männern, erforscht von den Frauen, gelehrt von den Greisen.

2. *Der Kirche des Wortes ist die Reinigung der christlichen Kirche von allen Schwärmereien und die Errettung des Schwärmers aufgetragen. Das unterscheidet evangelische Kirche von römischer, die den einen Schwärmer verbrennt, den anderen hegt und pflegt.*

Wir verwerfen die Schwärmereien, die entstehen aus der Verabsolutierung eines Artikels unseres trinitarischen Glaubensbekenntnisses. Dieses bezeugt Gott als den Wahrhaftigen und Lebendigen, wenn es in seiner Ganzheit gelehrt und bekannt wird:

a) *(3. Artikel): Wir verwerfen die vielerlei alten Schwärmereien von der bloßen Glaubensinnerlichkeit (bis zu Anabaptisten und Darbysten).*

Warum? Weil sie die Wirklichkeit der Kirche und die Wirklichkeit der Heiligung in dieser Welt leugnen! – Ihre letzten Epigonen sind zu jedem kirchenpolitischen Kompromiss bereit, weil sie Kirche nicht kennen.

b) *(2. Artikel): Wir verwerfen die vielerlei späteren Schwärmereien vom Menschen und von der Menschheit, vom Menschengeist und vom Menschengemüt, in Humanismus, Idealismus, Liberalismus, Sozialismus.*

Warum? Weil sie verkürzte Aussagen über das Erlösungswerk Christi tun, nicht die Tiefe der Verderbnis noch die Fülle der Gnade kennen („Ich achte es alles für Kot, auf dass ich Christum gewinne!"). Ihre heutigen Erben erweichen noch immer das Evangelium von Sünde und Gnade und können Christum nicht kennen.

c) *(1. Artikel): Wir verwerfen die heutigen Schwärmereien von der Kreatur: Erde, Blut, Leib, Volkstum, Vitalität.*

Warum? Weil sie die natürlichen Gegebenheiten emanzipieren von dem Schöpfergott und seinem tötenden und lebendig machenden Wort. Das kommende Geschlecht, das in dieser Irrlehre aufwächst, muss an Gott sterben, weil es ihn nie kennengelernt hat.

C. Von der Haltung der Kirche

Wir sagen Ja:

1. *Zu dem Weg unseres Volkes als Aufbruch zu dem deutschen Sozialismus. Wir verstehen darunter die Befreiung des arbeitenden Menschen vom öko-*

nomischen Menschen (Brechung der Zinsknechtschaft). Wir erblicken die Umwandlung eines Volkes, das abwechselnd unter der Arbeit und unter der Arbeitslosigkeit gestöhnt hat, in ein Volk bereit zum Dienst an sich selber, ein Volk, das sich wieder deutsch heißt.

2. *Zu der völkischen Gesellschaft = freier, konstruktiver Aufbau aus dem atomisierten, nachkapitalistischen und nachmarxistischen Zustand zur totalen Gesellschaft. (Es ist irrig, vom totalen Staat zu sprechen; die Kirche muss von totaler Gesellschaft reden.)*

3. *Zum völkischen Menschen = Mensch mit Haltung (Zivilcourage); Friedenszustand ist auch Kriegszustand des Volkes; Überwindung sowohl des bürgerlichen als auch des proletarischen Menschen; Vorbild der Askese (in der Welt) beim Führer.*

4. *Zu der zweiten Aufgabe der völkischen Zeit, im volksorganischen Kollektiv den kameradschaftlichen kooperativen Menschen auch zu seinem wahren Menschsein (Persönlichkeit) zu befreien bzw. zu entfalten.*

5. *Zur Scheidung der Geister (siehe B); denn wir reden, nach der Scheidung von Un- und Abergeist (Ungeist = B 1.; Abergeist = B 2.), in der Verkündigung zum völkischen Menschen das Wort, das ihn richtet, reinigt und rettet (daher strenge Lehrzucht in der Kirche).*

6. *Zu unserer Aufgabe, unserer Zeit und ihren Menschen in, mit und unter ihrer Sprache das Wort zu sagen.*

Wir sagen Nein:

1. *Die Stunde der Kirche in der Stunde des Volkes zu sehen. Daher üben wir unser Neinsagen in folgender notwendiger Entgegensetzung:*
   der völkische Mensch will nur Gesetz, wir Gesetz und Erlösung;
   der völkische Mensch will nur Verwurzelung im Irdischen, wir erlöste Natur;
   der völkische Mensch will nur Zucht, wir Zucht und Ehrfurcht;
   der völkische Mensch will nur Unterordnung und Gemeinnutz, wir Gliedschaft und Dienst aus erfahrener Barmherzigkeit;
   der völkische Mensch will Heldentum und Kameradschaft, wir Auftrag und Bruderschaft.

2. *Zu jeder Art von Klerikalismus:*
   Die Sicht der Kirche vom Staate kann nicht seine Sicht sein; wir sollen das auch dann nicht einmal erwarten, wenn er der Kirche Lebensrecht gibt.
   Da, wo der Einzelne sein Wort einsam sagt, die Autorität seines Wortes nur aus seiner persönlich-amtlichen Verantwortung bezieht und in falscher Be-

scheidenheit darauf verzichtet, sich dem Gemeingeist gemeinsamen Bekennens demütig hinzugeben („sie hatten alles gemein", das gilt auch von der Theologie), steht unser Nein. Es ist Klerikalismus, und zwar Gemeindeklerikalismus, wenn der Pastor die durch die Deutschen Christen aufgeworfenen Fragen und heraufbeschwörten Konflikte glaubt durch die treue Arbeit in der Gemeinde schon lösen zu können, des Blickes für die übergemeindliche Aktualität der Kirchenfrage entratet, sich daher vor der Kirche gar nicht beugt und ebenfalls nur über die Gemeinde die Volkskirche, d. h. die Lösung der Aufgabe „Kirche und Volk", glaubt erzielen zu können; so ist das Problem „Kirche und Volk" heute das Problem „Kirche und Pastorenschaft" (Lehramt der Kirche, Lehrzucht der Pfarrer, Lehrgemeinschaft in der Kirche, Bekenntnisfront der Pastoren als einziger Weg zur Bekenntniskirche).

Zum ganzen Wort „Bekenntnisfront":
Unser Wort zur Bekenntnisfront, ein Wiederaufnehmen der Arbeit, die zum Pfingstbekenntnis westfälischer Pastoren führte, unsere darin enthaltenen Deutungen der kirchlichen und geschichtlichen Ereignisse sind keine Geschichtsphilosophie oder gar eine Ewigkeitsprophetie, sondern nur ein Versuch, uns in unserem Worte dort hinzustellen, wo unser gegenwärtiger Mensch steht: Gehorsam gegen Gott und sein Wort, Liebe zur Zeit und ihrem Volk.[69]

Vieles wurde hier noch deutlicher als im Pfingstbekenntnis gesagt und einiges neu thematisiert. Im Ganzen handelt es sich um ein hervorragendes Zeugnis der damaligen geistigen Auseinandersetzung. In dem Abschnitt „Von der Lage der Reformation" gibt Ehrenberg eine Analyse der geistigen und religiösen Situation Deutschlands von der Reformation bis zur Gegenwart. Interessant ist, wie er Faschismus und Katholizismus in Analogie bringt, um die Rolle des reformatorischen Kirchen- und Menschenverständnisses gegen beide herauszustellen.

Für unseren Zusammenhang wichtiger ist der Abschnitt „Von der Scheidung der Geister". Betont wird eingangs, dass die Erneuerung der Kirche weder auf einer „Vergesetzlichung der alten Bekenntnisse" beruhen könne noch auf einem ungehemmten Eingehen auf den sogenannten „Ruf der Stunde". Er wagt eine geschichtstheologische Aussage, die zu einem bestimmten Amt der Kirche führt. Wenn er formuliert: „Das Handeln des Heiligen Geistes in der

---

[69] Br. 2, 330 ff.

Zeit ereignet sich im Kampf des Reiches Christi mit der Macht der Finsternis", so wird erst die ganze Ernsthaftigkeit von Kirche für die Zeit, in der Zeit und gegen die Zeit sichtbar. Der Glaube der Kirche kennt das Ringen des Geistes Jesu Christi mit dem Geist des Widersachers. Aus diesem Wissen heraus kann Kirche nicht die Sanktionierung geschehener und geschehender Geschichte geben, sondern hat in dieser Weltzeit, die Kampfzeit zwischen Gott und den dämonischen Mächten ist, ein prophetisches Amt: „Die Kirche muss sagen, was die Welt nicht sagt." Kirche liefert nach diesem Verständnis eben nicht die religiöse Sanktionierung des Bestehenden, sondern sagt ihre Gerichts- und Gnadenpredigt in die politische Zeit hinein: „Und das alleinige Zeugnis von Christus Jesus in der Schrift Alten und Neuen Testamentes ist das alle Geschichte richtende und rettende Wort Gottes." In Barmen wird später gesagt: „Jesus Christus ist das eine Wort Gottes."

Im zweiten Teil des Abschnittes „Von der Scheidung der Geister" werden Aussagen des Pfingstbekenntnisses wiederholt. Prägnant wird formuliert:

Wir verwerfen die Schwärmereien, die entstehen aus der Verabsolutierung eines Artikels unseres trinitarischen Glaubensbekenntnisses. Dieses bezeugt Gott als den Wahrhaftigen und Lebendigen, wenn es in seiner Ganzheit gelehrt und bekannt wird.[70]

Ehrenberg nennt die Schwärmereien beim Namen: 1. Die bloße Glaubensinnerlichkeit. Sie verleugnet die Wirklichkeit der Kirche und der Heiligung in dieser Welt. 2. Die Schwärmereien vom Menschen, seien sie in der Form des Humanismus, Idealismus, Liberalismus oder Sozialismus. Sie verkürzen die Aussagen über das Erlösungswerk Christi und wissen weder, was Sünde, noch, was Gnade ist. 3. Die Schwärmerei von der Kreatur: Erde – Blut – Leib – Volkstum – Vitalität. Warum werden sie verworfen?

Weil sie die natürlichen Gegebenheiten emanzipieren von dem Schöpfergott und seinem tötenden und lebendig machenden Wort. Das kommende Geschlecht, das in dieser Irrlehre aufwächst, muss an Gott sterben, weil es ihn nie kennengelernt hat.[71]

Das sind Worte, die an theologischer Klarheit samt den ihr implizierten politischen Konsequenzen nichts zu wünschen übrig lassen. Aus der ekklesiologisch-christologischen Konzentration des Pfingstbekenntnisses werden praktische Schlussfolgerungen in der Beurteilung gegenwärtiger Konstellationen gezogen.

Dass Ehrenberg auch vor konkreten politischen Aussagen über die Hal-

---

[70] Br. 2, 332
[71] Ebd.

tung der Kirche nicht zurückscheut, zeigt der letzte Abschnitt C. Das Ja und das Nein zur geschichtlichen Stunde, zur Aufgabe in ihr und ihr gegenüber werden formuliert. Das Ja gilt dem „heutigen deutschen Sozialismus" als Inbegriff der „Befreiung des arbeitenden Menschen vom ökonomischen Menschen" und des Dienstes aller aneinander, der „völkischen Gesellschaft" als Inbegriff einer organisch sich aufbauenden Gesellschaft, dem „völkischen Menschen" als Inbegriff der Überwindung sowohl des bürgerlichen wie des proletarischen Menschen, der Entfaltung der Persönlichkeit in kameradschaftlichen Kooperationen und einer Verkündigung, die dem völkischen Menschen das Wort sagt, „das ihn richtet, reinigt und rettet" und zwar in einer Sprache, die er verstehen kann.

Beachten wir: Es wird kein grundsätzliches politisches Nein zum „deutschen Sozialismus", zum Volk- und Dienstgedanken gesagt. Das alles ließe sich nach Ehrenberg nicht nur akzeptieren, sondern auch freudig mittragen. Doch dieses Ja als politisch-moralische Möglichkeit wird durch das Nein stark infrage gestellt. Denn die sich abzeichnende und sich durchsetzende Wirklichkeit des neuen Staates und des mit ihm im Bunde stehenden Deutschen Christentums findet sich zuvorderst in den Nein-Sätzen:

Wir sagen Nein:
1. Die Stunde der Kirche in der Stunde des Volkes zu sehen. Daher üben wir unser Neinsagen in folgender notwendiger Entgegensetzung: Der völkische Mensch will nur Gesetz, wir Gesetz und Erlösung; der völkische Mensch will nur Verwurzelung im Irdischen, wir erlöste Natur; der völkische Mensch will nur Zucht, wir Zucht und Ehrfurcht; der völkische Mensch will nur Unterordnung und Gemeinnutz, wir Gliedschaft und Dienst aus erfahrener Barmherzigkeit; der völkische Mensch will Heldentum und Kameradschaft, wir Auftrag und Bruderschaft.[72]

Präziser sind die Unterschiede des völkischen und christlichen Menschenverständnisses auf der Ebene des Empirisch-Moralischen und des Weltanschaulich-Anthropologischen bis Mitte 1933 nicht formuliert worden. Vieles kann man eben gemeinsam sagen, aber durch das, was trennt, bleibt die Gemeinsamkeit eine zutiefst gebrochene. In der Tiefe zeichnet sich ein Entweder-oder ab.

Ehrenberg hat 1933 wie viele mit ihm versucht, eine differenzierende Auseinandersetzung mit dem Nationalsozialismus und seiner „Revolution" zu betreiben. Er war bereit, die Wahrheitselemente dieser nationalen Bewegung an-

---

[72] Ebd., 333

zuerkennen. Er war nicht in toto „Antifaschist". In Zustimmung und Kritik versuchte er sich anfangs in differenzierenden Analysen, die sich aber mit zunehmender Zeit aufgrund der Totalisierung des NS-Systems nicht durchhalten ließen.

Diese bedingte und begrenzte Zustimmung zum Nationalsozialismus, verbunden mit deutlichen Grenzziehungen und eindeutigen Verwerfungen, erwies sich sehr schnell als die Illusion der ersten Monate der NS-Zeit. Nationalsozialismus war ihm zunächst ein Phänomen zwischen Wahrheit und Lüge, zwischen Verstehen und Versuchung. Was ihn zunächst partiell zustimmen ließ, war das Ende des bürgerlich-liberalen und des kapitalistischen Zeitalters und seines marxistischen Gegenspielers. Aber das bedeutete nicht seine Zustimmung zur Tyrannis und Diktatur im Sinne der Liquidierung der persönlichen Freiheit und der kollektivistischen Instrumentalisierung des Volkes. Seine alte Vorstellung von der Volksgemeinschaft, die Autorität und Freiheit, Gliedschaft und Selbstverantwortung verbinden sollte, brach in dem Maße zusammen, wie sich eine Weltanschauungsdiktatur etablierte, die keine Differenzierungen mehr zuließ, sondern absoluten Gehorsam verlangte.

Ehrenberg hat selbst sehr schnell erkennen müssen, dass seine und seiner Freunde Bemühen, partielle Zustimmung zum Nationalsozialismus mit radikalen Verwerfungen zu verbinden, bald keine reale Möglichkeit war. Sowohl die innere Logik des totalitären Anspruchs des Nationalsozialismus wie die innere Logik eines christlichen Menschen-, Geschichts- und Ordnungsverständnisses mussten sehr schnell zur Situation des Entweder-oder führen.

Der letzte Abschnitt der „Bekenntnisfront" gibt einen Einblick in die damalige kirchenpolitische Situation. Ehrenberg nennt es Gemeindeklerikalismus, wenn Pfarrer und Gemeinden sich nur auf sich selbst zurückziehen und sich nicht den durch die Deutschen Christen aufgeworfenen Fragen stellen. Für ihn ist Kirche mehr als die Summe von Gemeinden mit ihren Pfarrern. Hinter dem Problem „Kirche und Volk" sieht er das Problem „Kirche und Pastorenschaft". Die hier aufbrechenden theologischen Sachfragen nennt er beim Namen: Lehramt der Kirche, Lehrzucht der Pfarrer, Lehrgemeinschaft in der Kirche, Bekenntnisfront der Pastoren als einziger Weg zur Bekenntniskirche.

Ehrenberg sah, dass eine bekennende Kirche eben auch eine lehrende Kirche sein musste. Eine lehrende Kirche aber muss die Irrlehre bekämpfen und den Irrlehrer aus sich ausscheiden, wenn er sich nicht durch die Wahrheit überwinden lässt. Angesichts eines aufkommenden Neuheidentums und angesichts des Eindringens völkisch-nationalistischer Religiosität in die Kirche musste diese sich auf ihre Lehre besinnen, um überhaupt Widerstand leisten zu können. So theologisch diese Gegenwehr zunächst auch gemeint war, sie musste in der Absage an nationalsozialistische Doktrin und Praxis enden.

Die Bochumer Bekenntnisse waren als theologische Aussagen eben zugleich politische Positionsbestimmungen. Sie zeigten: Wer theologisch bei der Sache ist und von ihr aus zur Lage spricht, ist immer politisch.

Fragen wir: Welche Bedeutung hatten diese Bochumer Bekenntnisse des Jahres 1933 und wie sind sie im Hinblick auf die späteren Formulierungen der Barmer Synode vom Mai 1934 zu bewerten? Zunächst ist zu sagen, dass beide Bochumer Bekenntnisse früheste Zeugnisse der sich bildenden Bekennenden Kirche sind. Der Kreis um Ehrenberg und Ludwig Steil, beheimatet in Industriestädten des Ruhrgebiets, bildete eine der ersten theologischen Arbeitsgemeinschaften von Pfarrern, die die politische und kirchenpolitische, die geistige und weltanschauliche Situation des Jahres 1933 als Herausforderung an die Bekenntniskraft der Kirche verstanden haben. In statu confessionis zu stehen, war frühe Überzeugung dieser Pfarrer. Auch wenn ihr Kampf sich zunächst gegen die Irrlehren der Deutschen Christen richtete, so begegneten ihnen darin doch entscheidende Elemente der nationalsozialistischen Weltanschauung. Sie standen deshalb als Theologen von Anfang an im Umgriff des Politischen. Ihr Kampf um die reine Lehre im Binnenraum der Kirche wurde gleichzeitig ein Kampf gegen das Neuheidentum im Außenbereich. Jede theologische Kritik an biologistischer Anthropologie oder naturalistischer Ordnungslehre war eine Kritik am dominant gewordenen Zeitgeist. Jede theologische Kritik am Verständnis des Staates als eines totalen Staates war auch faktische Kritik an der neuen Staatswirklichkeit.

Zentral war das Anliegen, in einer revolutionär bewegten Phase sich nicht von den Wünschen des Zeitgeistes her die Inhalte der Verkündigung und die Ordnungsgestalt der Kirche bestimmen zu lassen. Um durch den Wust von völkischer Religiosität und politischer Gläubigkeit hindurchzustoßen, die vielfältigen Überlagerungen kirchlicher Rede durch politische Interessen hinter sich zu lassen, die Synthesen von Religion und Kultur, von Kirche und Staat aufheben zu können, bedurfte es einer theologischen Konzentrationsbewegung und einer Neubesinnung auf das, was Kirche ist.

Die Bochumer haben dies vollzogen, als es den meisten noch um Vermittlungen oder Begegnungen oder mögliche Versöhnungen ging. Jede theologische Konzentrationsbewegung heißt aber zunächst, sich der kirchlichen Tradition zu vergewissern und zu ihren Ursprüngen zurückzukehren. Das Zeugnis der Schrift und die schriftgebundenen Bekenntnisse der Kirche zur Mitte theologischer Arbeit zu machen, bedeutete die Neuentdeckung der Christologie als „Kern und Stern" der biblischen Botschaft in der Einheit des Alten und Neuen Testamentes, umgriffen von der Ekklesiologie. Die Kirche als den Ort zu entdecken, wo Jesus als der Christus Gottes in Wort und Sakrament verkündigt wird und gegenwärtig ist, bedeutete, die Wirklichkeit von Gemeinde neu zu verstehen. Kirche als Gemeinde, Gemeinde als Kirche zu verstehen, bedeutete wiederum, nach ihren Aufgaben in und gegenüber der Welt zu fragen. Die Sache der Kirche als Verkündigung des einen Wortes Gottes als Gesetz und Evangelium zu begreifen, bedeutete dann auch, dass diese Kirche unter der Leitung des Heiligen Geistes das Ihrige in die Situation der Zeit hinein sagte. Diese theologisch-ekklesiologische Denkbewegung, eingebettet in die Eschatologie der Reich-Gottes-Verkündigung, ließ die Bochumer in aufgeregter Zeit Grund finden.

Dieser Weg war der einzige, um die Kirche und sich selbst nicht an die „Mächte und Gewalten" der Zeit zu verlieren. Nicht, eine moderne Kirche zu sein, wurde die Losung, sondern als prophetische Kirche den religiösen und politischen Häresien der Zeit das Nein göttlicher Wahrheit entgegenzusetzen. Dies schloss ein verantwortliches Ja zu politisch-geschichtlichen Veränderungen nicht aus, verhinderte aber ihre wie auch immer geartete Sanktionierung und Legitimierung.

Dieses neu erkannte Wächteramt der Kirche machte das bewusste Lehramt der Kirche notwendig. Denn nur die Lehre sichert die Kontinuität der Wahrheit. Freischwebende subjektivistische Religiosität und Frömmigkeit wie eigenmächtiger Umgang mit kirchlicher Dogmatik und Ethik waren für sie keine ernsthaften Möglichkeiten mehr.

Die Umrisse einer kirchlichen Theologie, geboren aus der Auseinandersetzung mit religiöser Häresie und politischem Schwärmertum, treten uns in den Bochumer Bekenntnissen entgegen. Alle relevanten Themen der Gegenwart und der Zukunft waren angesprochen. Was die Barmer Synode später für die ganze deutsche Kirche bekennen sollte, war in Bochum vorformuliert. Insofern gehören die Bochumer Bekenntnisse in die Vorgeschichte von Barmen.

Ludwig Steil und Hans Ehrenberg bildeten die Mitte des theologischen Arbeitskreises. Sie hatten engsten Kontakt miteinander. Dass diese beiden Pfarrer später durch die NS-Organe bedrängt und verfolgt und schließlich ins Konzentrationslager gebracht wurden, ist kein Zufall. Die NS-Machthaber haben schnell erkannt, dass die kirchliche Theologie dieser Männer die stärkste Provokation gegenüber Geist und Praxis des NS-Systems gewesen ist. Jeder theologische und ekklesiologische Satz dieser Männer war in den Augen der Nationalsozialisten politischer Widerstand. Der Kirche ein prophetisches Wächteramt zuzuweisen, konnte von ihnen her nur als illegitime Grenzüberschreitung der Kirche begriffen und als politische Verweigerung gegenüber dem Totalitätsanspruch des neuen Systems interpretiert werden. Sie selbst – Ehrenberg und Steil – haben sich nicht als politische Widerstandskämpfer verstanden. Aus dem Blickwinkel der neuen Herren aber waren sie es von Anfang an. Deshalb war die dramatische Konfrontation zwischen den staatlichen Machtorganen und diesen Gemeindepfarrern nur eine Frage der Zeit.

Hans Ehrenberg: „72 Leitsätze zur judenchristlichen Frage"[73]

Noch während der Arbeit an den Bochumer Bekenntnissen arbeitete Ehrenberg an Thesen über die spezielle judenchristliche Frage. Sein altes Thema wurde existenziell und theologisch-kirchlich für ihn in dem Maße immer dramatischer, wie der Staat eine judenfeindliche Rechtspolitik betrieb und sich Teile der Kirche in eine Entsolidarisierungsstrategie mit den Judenchristen in der Kirche begaben. Im Arbeitszimmer seines Pfarrhauses im Zentrum der Gauhauptstadt Bochum hat er „72 Leitsätze zur judenchristlichen Frage" verfasst.

Der Ursprungstext dieser Leitsätze liegt im Synodalarchiv Bochum. Die erste Druckfassung aus dem Juli 1933 weist zum Ursprungstext einige sprachliche und auch inhaltliche Veränderungen auf. Die zweite Druckfassung vom August 1933 bringt eine Reihe von Umarbeitungen des Textes selbst und hat einige Ergänzungen. Letzteres zeigt, dass Ehrenberg bereit war, die ersten Ergebnisse seiner Diskussion mit den Brüdern zu berücksichtigen.

Es liegen zusätzlich zwei maschinenschriftliche Kommentare zu den Leitsätzen vor. Der erste Kommentar umfasst aber nur die ersten 13 Leitsätze. Der zweite ist vollständig und ist durch einen 73. Leitsatz ergänzt. Während die Abfassung des ersten kleineren Kommentars nicht genau zeitlich zu ver-

---

[73] Br. 2, 335 ff.; KDS, 66 ff.; Interpretation s. Br. 1, 138 ff. (Wortlaut der 72 Leitsätze ab Seite 137)

orten ist, ist der zweite nach der Nationalsynode im September 1933 geschrieben. Im Sommer und Herbst 1933 steht publizistisch die judenchristliche Frage im Zentrum der theologischen Arbeit Ehrenbergs. Die ersten fünf Thesen behandeln den epochalen geistesgeschichtlichen und politikgeschichtlichen Rahmen, innerhalb dessen das zeitgenössische Problem, das es zu verhandeln gilt, steht. Die Kirche, die geschichtlich unter die Bedingungen des Nationalsozialismus geraten ist, will ihrerseits entscheidende Interpretationen und Intentionen der neuen Zeit aufnehmen. Sie will „ihr Glaubensleben bluthaft binden, erdhaft verwurzeln, leibhaft verwirklichen, volkhaft gestalten". Sie will den Kontakt zu den natürlichen Ursprungsmächten zurückgewinnen. Sie will wieder elementar begreifen, was Schöpfung und was Natur sind. Sie will wieder die Lebenskraft des Gesetzes und der Gesetze des Lebens erfahrbar machen. Ein neues Selbstverständnis des Menschen, des völkischen Menschen, will die neuzeitlichen Sünden wider die Schöpfung überwinden. Voraussetzung ist die Überwindung der geistigen Folgen der Aufklärung, des Liberalismus und des Idealismus. Hier soll die Kirche ihre Hilfestellung von ihrem Verständnis des 1. Artikels her geben.

Ehrenberg hatte auf dem Gebiet der Philosophie seit seinen Heidelberger Tagen nichts anderes getan, als die existenzielle und politische Haltlosigkeit des liberalen und idealistischen Geistes zu erweisen. Für ihn war auch der Marxismus noch ein Erbe der „Zuchtlosigkeit" des liberalen Geistes. Das Urgebrechen war ihm der Versuch, sich in autonomer Weise zum Herrn der Geschichte zu machen, sich selbst zum Schöpfer seiner eigenen Welt aufzuwerfen. „Sein zu wollen wie Gott" – das ist ihm der Kern der Hybris eines Menschentums, das nur sich selbst will und sich dadurch radikal verfehlt. Er sieht mit einer gewissen Sympathie die antiliberale Stoßrichtung der NS-Weltanschauung. Er kann sie partiell rezipieren, aber ihr Radikalismus in ihrer Undifferenziertheit trifft nicht die „Dialektik der Aufklärung". Nicht alles an den „Prinzipien von 1789" ist für ihn undeutsch. Der Gedanke der Menschenrechte hat genauso seine Wahrheitsmomente wie Tugenden der Sachlichkeit und Gewissensschärfung von größter Bedeutung sind.

Der völkische Mensch steht in der Gefahr, nicht der Überwinder des Liberalismus und des Marxismus zu sein, sondern die neuzeitliche Verfehlung nur noch zu radikalisieren und zu übertrumpfen. Ist doch auch der moderne Nationalismus mit seiner Vergottung des Staates ein Abkömmling des Geistes von 1789. Ohne die Unterschiede verwischen zu wollen, die zwischen Liberalismus, Marxismus und Nationalsozialismus bestehen, so ist allen eine

Versuchung gemeinsam: die Selbstanbetung der „großen, gewaltigen und heldischen Herren der Erde", die sich „des Evangeliums von der reinen Gnade des Herren des Himmels" schämen.

Was hier bei Ehrenberg durchbricht, ist die Identifizierung des Säkularismus als der großen Verfehlung des bürgerlich-proletarischen Zeitalters. Denn sie alle – Liberalismus, Marxismus, Nationalsozialismus – sind verschiedene Kinder des einen Vaters, nur in verschiedenen Formen und Uniformen. Weil das so ist, kann auch der aktuelle nationalsozialistische Staat nicht erfolgreich den Kampf gegen die liberalistisch-marxistische Zeit allein führen – dazu ist er selbst viel zu sehr ihr Kind –, sondern in seiner Tiefe allein die Kirche, die in ihrer Verkündigung und Lehre über die Kräfte verfügt, den Todesmächten des Säkularismus zu widerstehen. Auch der NS-Staat, der politisch die Macht errungen hat, hat nur Bestand, wenn er der Kirche die Freiheit gibt, mit ihren Mitteln den epochalen Geistes- und Entscheidungskampf zu führen.

Dies kann Ehrenberg nur als Hoffnung gemeint haben, denn er wusste nur zu gut, dass sich der totalitäre Weltanschauungsstaat nicht auf eine Teilung der Aufgaben mit der Kirche auf die Dauer einlassen konnte. Er hätte seinen eigenen Totalitätsanspruch aufgeben müssen. Dies war aber schon Mitte 1933 eine illusionäre Erwartung. Die dialoglose Grundstruktur der NS-Ideologie ließ diese Kombattantenschaft von Anfang an bei näherem Zusehen nicht zu. Der Nationalsozialismus ließ sich nicht im Ganzen „taufen" noch im Einzelnen auf christliche Dogmatik und Anthropologie ansprechen.

Die Thesen 6-13 bilden den zweiten Abschnitt der Leitsätze, die sich mit „Israel unter den Völkern" befassen. Sie bringen einen für Ehrenberg zentralen Begriff: den der Querlagerung Israels unter allen Völkern der Erde. Was er damit meint, steht in der Erstfassung seiner Thesenerläuterung und besagt:

Die vertikale Ordnung der Völker, die jedes Volkstum absondert vom anderen, ist die völkische. Sie gilt für das politische Leben. Die horizontale hat daneben keinen Bestand. Jedes Volk erlebt seine Eigengeschichte und lebt sein Eigenleben. Und doch gehören alle Völker zusammen. Vor dem Inkrafttreten eines Heilsratschlusses Gottes mit der ganzen Menschheit zeigt sich die Zusammengehörigkeit der Völker nur durch die wirtschaftlichen, staatlichen und kulturellen Machtverschiebungen zwischen ihnen, die Abhängigkeit und Herrschaft, Einfluss und Widerstand hervorrufen. So lange ist in der Völkergeschichte Gottes Wille nicht zu finden; die Herrschaft der Macht wirkt so lange nur als Regiment der bösen Mächte. Aber Gottes Liebesratschluss schafft ein

*ganz Neues. Mit dem ersten Eingreifen Gottes in die Geschicke der Mensch-
heit ändert sich das Bild der Völker. Wo Gott eingreift, ergibt sich stets eine horizontale Lagerung zwischen den Völkern. Gott entschließt sich, ein einziges
Volk aus allen Völkern herauszugreifen, das Volk Israel, ein kleines, geringes,
nichtssagendes, kulturell unwichtiges Volk ohne Macht und Vorgeschichte, und
alle Völker der Erde erhalten dadurch eine horizontale Beziehung zu diesem
einen, dem auserwählten Volk. So entsteht die Querlagerung Israels, ein Ergebnis seiner eigenen Volksgeschichte und doch ein Willensausfluss Gottes. Das
Volk, das auserwählt wird, muss an seiner Sendung selber zerbrechen. Sobald
das geschieht, beginnt erst seine eigentliche, seine Quersendung. Es wird zer-
streut, aber nun wird es sichtbar, dass es mit der Zeit zu allen Völkern der Erde
gehören soll. Dieses kleine Volk wird Erdvolk schlechtweg, als wäre es die eine
ganze Hälfte des Menschengeschlechts. Diese Sonderrolle erkauft es durch den
vollen Verlust seiner eigenen vertikalen Volksexistenz, von der ihm schließlich
– d. h. nach dem Kreuzestod des aus ihm verheißenen und erstandenen Messias – nichts bleibt. Die volle Diaspora heißt volle Querlagerung, horizontale
Existenz. Damit hat Israel seinen Ausnahmecharakter bekommen. Es steht wider alle anderen Völker. Zwischen ihm und den Völkern muss politisch Gegensatz walten: Das ist insoweit unvermeidlich. Damit aber ist seine Sendung
nicht aufgehoben. Vertikallagerung bedeutet politische Sendung, Horizontal-
lagerung heißt priesterliche Mission. Israels Politik ist das Priestertum Gottes an den Völkern der Erde. Der Ritter ist ein vertikaler, der Priester ein ho-
rizontaler Stand (auch wenn im einzelnen Fall man bei beiden Ständen
Einschläge von der Art des anderen vermerken kann). Gott aber hat Israel zu
seinem Mittel und Instrument gemacht. Damit beginnt das Reich, die Heilsgeschichte. Gottes Heilswille erklärt restlos die Sonderstellung Israels. Jedes Volk,
das Gott erwählt hätte, wäre in genau die gleiche Lage geraten. So steht Israel
nicht anders zu seinem rassischen Nahverwandten wie zu denen, denen es
blutsmäßig ganz fremd ist. Obwohl es Volk ist, ist es doch nicht Volk. Seine Existenz ist daher für die Völker ein Rätsel; es ist sich selbst ein Rätsel. Wer von
Gott benutzt wird, wird dadurch zum Geheimnis.*

Die christlich-paulinische Sicht des Problems ist dadurch gekennzeichnet,
dass nach ihr Israel sowohl unter dem Fluch wie unter der Gnade steht.
Christlich ist, das Mit- und Ineinander von Gnade und Verwerfung, von Erwählung und Strafe auszusagen. Im Kommentar heißt es entsprechend:

*Juda war bis zu Christus das auserwählte Volk, das auch schon dem Gericht
übergeben ist (bestraft schon vor seinem ersten Abfall: am Anfang seiner Ge-*

schichte). Es ist seit Christus das verworfene Volk, das noch immer das be-
gnadete ist. Verwerfung heißt niemals Verdammung. Verwerfung bedeutet Ver-
stockung und bewirkt das Gericht der Geschichte. Verworfen heißt für Juda:
für immer unter der Zuchtrute der Völker und Weltmächte!

[...] Juda ist als Volk nicht Nation im Sinne der Ideen von 1789. Nur als Got-
tes Volk ist Israel Volk; Volksein heißt ihm, Gottes Herrsein anerkennen! Israel
ist nicht ein Exemplar der Gattung Nation!

Israel ist in seiner Querlagerung durch alle Völker der Erde die ständige
Erinnerung an den geschichtshandelnden Gott, der seinen Heilswillen an
und mit diesem Volk erfüllen will. Die Völker haben sich gegen diesen Willen nicht zu wehren. Handelt Gott an Israel, handelt er zugleich an den Völkern, denen in gleicher Weise das Gottesgericht droht. Denn sie haben Ihn
(den Christus Gottes) alle gekreuzigt.

Was Ehrenberg damit sicherstellen will, ist die nicht aufhebbare Ver-
schränkung des Schicksals Israels und der Völker. Die Völker können sich
dieses gottgewollten Zusammenhangs nicht durch Antisemitismus, d. h. durch
Verdrängung und Vernichtung der Juden, entledigen. Sie werden immer Juden bei sich haben. Diese ihrerseits können sich auch nicht durch totale Assimilierung, d. h. durch die Praxis eines Philosemitismus, als eigenständiges
Volk Gottes aus der Welt schaffen. Sowohl Anti- wie Philosemitismus ver-
fehlen je auf ihre Weise die Rolle, die nach göttlichem Ratschluss das Volk
Israel für sich selbst und für die Völker hat. So wie Israel das Recht auf die
Freiheit seines Lebens unter den Völkern hat – es ist Gottes Willen, dass Juden unter ihnen leben –, so haben die Völker das Recht der Sonderrechtsbestimmung gegenüber Israel. Der Grundgedanke ist dieser: Die Juden haben
das Recht, mit ihrer Religion und ihren Sitten unter den Völkern zu leben. Sie
haben das Recht auf rechtlich gesicherte Sonderexistenz. Dem entspricht
auf der anderen Seite, dass die Völker das Recht haben, die Juden unter Son-
derrechtsbestimmungen zu setzen, die aber ihre persönliche und religiöse Freiheit nicht aufheben. Die weltgeschichtliche Sonderrolle der Juden, die in ihrem Kern eine religiöse Sonderrolle ist, kann nur gesichert werden, wenn
diese Juden auch als Judenschaft identifizierbar bleiben, wenn sie nicht bis
zur Unkenntlichkeit so werden, wie ihr nationales Umfeld ist.

Ehrenberg erinnert an die historische Tatsache, dass durch die Jahrhunderte hindurch die Behandlung der Juden zwischen Assimilation und Feindschaft geschwankt hat, je nach den politischen und gesellschaftlichen Bedingungen. Und die Rolle der Kirche? Sie hätte sich gegen beide Extreme,

den Anti- wie den Philosemitismus, wehren müssen. Das formale Gleichheitsprinzip ist Ehrenberg so problematisch, wie ihm die Feindschaft gegen Juden unmöglich ist. Die Kirche hat um der religiösen Funktion der Juden als Volk Israels willen einen Kurs zu halten, der Juden Juden bleiben lässt, der ihre Andersartigkeit akzeptiert als religiöse Herausforderung an das eigene religiöse Selbstverständnis. Das Dasein und Sosein der Juden hält das Problem der Bezogenheit von altem und neuem Bund, das Problem des Verhältnisses von Synagoge und Kirche aufrecht. Eine praktische Anwendung rassenbiologischer Kriterien würde zur Ausrottung der Juden führen und damit das religiöse Problem des Judentums auf eigenmächtige Weise „lösen". Die Konsequenz bei Ehrenberg: Juden unter einen besonderen Rechtsschutz zu stellen, bedeutete auf der einen Seite, ihnen Schutz vor rassenbiologischem Antisemitismus mit der Tendenz zur Aussonderung und Liquidierung zu geben. Es bedeutete auf der anderen Seite, ihnen um ihrer selbst willen die totale Assimilierung zu erschweren. Denn sie bedeutete die Selbstauflösung des Judentums, so wie der politische Rassenbiologismus die Feindauflösung des Judentums wäre.

Das Plädoyer für ein Sonderrecht für Juden kann also nicht als eine Zustimmung zur NS-Judenpolitik interpretiert werden. Dieses hatte die Intention, Juden aus dem deutschen Volkskörper auszuscheiden. Das Sonderrecht von Ehrenberg hatte zum Ziel, die Existenz von Juden und damit ihre religiöse Sonderrolle in den nationalen Gestalten und in der universalen Geschichte zu sichern. Er sah überdeutlich, dass eine politische Bewegung sich nun anschickte, auch die religiöse Lage und Frage eigenmächtig zu ändern. Im Namen eines germanischen Ethnozentrismus, im Namen eines exklusiven Volksbegriffs meinte man nicht nur das Recht, sondern die Pflicht zu haben, Juden als Angehörige einer minderwertigen und Kultur zersetzenden Rasse aus der Volksgemeinschaft ausstoßen zu müssen.

Der Gedanke des Sonderrechtes hat also bei Ehrenberg einen anderen Skopus als bei den Rassenantisemiten. Er ist nie Antisemit gewesen, so sehr er auch der Kritiker des neuzeitlichen Assimilationsjudentums gewesen ist. Letzteres hatte sich selbst von seinem religiösen Judentum emanzipiert und war Trägerschicht des ungebundenen Geistes des säkularen Liberalismus geworden. Dieses religiös nicht mehr gebundene und in die jüdische Glaubens- und Sittenwelt nicht mehr eingebundene Judentum war für ihn auch für die deutsche Vergangenheit der letzten 100 Jahre eine sehr ambivalente Erscheinung. Aber auch sie als „abgefallene Juden" gehörten von Gottes Anspruch her zum „Volk Israel". Auf der historisch-empirischen Ebene ließen sich die Synagogenjuden und die Emanzipationsjuden zwar unterscheiden, aber in der theologisch-heilsgeschichtlichen Betrachtung nicht trennen. Logischerweise hätte ein Sonderrecht dann für beide, die Gläubigen und die Emanzipierten, gelten müssen. Das Kriterium für den Geltungsbereich dieses Rechtes wäre dann kein religiöses, sondern ein rassisches.

Die Frage ist zu stellen, ob Ehrenberg selbst unter das von ihm überlegte Sonderrecht gefallen wäre. Er war Sohn einer „volljüdischen" Familie. Oder meinte er, seine Konversion zum Christentum habe die Rassenzugehörigkeit aufgehoben? Für die Nationalsozialisten selbst gab es nur Juden, keine Judenchristen. Und Ehrenberg sieht richtig, wenn er sagt, „dass zum ersten Mal seit Christus der getaufte christusgläubige Jude in die völkische Ablehnung und Aussonderung einbezogen wird" (These 19). Populär-agitatorisch hatte das geheißen: „Die Religion ist uns einerlei, die Rasse ist die Schweinerei."

In der Tat: Eine radikale Anwendung des Rassebegriffs machte die traditionelle Praxis, dass ein Jude, der zum Christentum übertrat, nicht mehr als Jude angesprochen wurde, hinfällig. In den Augen der Nationalsozialisten war der evangelische Pfarrer Ehrenberg Jude und zwar „Volljude". Dass er Christ geworden war, war für sie unerheblich. Eine Diskussion mit den Nationalsozialisten über Deutschtum, Judentum und Christentum war nicht möglich. Auch die tiefe Verwurzelung in der deutschen Kultur, eigene herausragende wissenschaftliche oder literarische Leistungen für die deutsche Kultur, auch die Wahrnahme der Wehrpflicht und des Kriegsdienstes – angesichts der Dominanz eines biologistischen Rassenantisemitismus wurde dieses alles zur Randständigkeit und Unerheblichkeit erklärt.

Es gab nur noch einen Ort, in dem das Problem diskutiert werden konnte: die Kirche. Denn zu ihr gehörten Juden, die durch die Taufe in den Leib Christi einverleibt waren. Getaufte Juden – für die Nationalsozialisten Rassejuden, die getauft worden waren, für die Kirche Getaufte, die Juden waren. Auch wenn die Kirche sich der Diskussion um die allgemeine Judenfrage verweigerte, so kam sie an der Diskussion um ihre Judenchristen nicht herum. Und indirekt war sie dabei auch beim allgemeinen Judenproblem. Und wenn der nationalsozialistische Rassismus keinen Unterschied zwischen Juden und Christen machen konnte, ohne selbst sein handlungsleitendes Kriterium aufzugeben, so ergab sich die Frage an die Kirche, ob sie ihre Judenchristen wie bisher als Vollmitglieder verstand oder ob sie angesichts des politischen Rassendogmas theologische und kirchenrechtliche Differenzierungen und Rück-

züge antrat. Ehrenberg sah diese Entscheidungssituation seit Langem überdeutlich. Die Kirche musste öffentlich sagen, wie sie mit dem Problem prak-
tisch umgehen wollte. Er will mit seinen Leitsätzen diesen Prozess der Selbst-
verständigung der Kirche über das judenchristliche Problem, das gleichzeitig
das „Judenproblem“ implizierte, fördern.

Die Thesen 14-22 eröffnen einen ersten Zugang zum judenchristlichen
Problem selbst:

„Alles Unheil kommt von den Juden“ – brüllt der Antisemitismus. „Alles Heil kommt von den Juden“ – bezeugt der christliche Glaube. Dass Jesus
Christus der Sohn Gottes sein soll, ist den Juden ein Ärgernis, und dass der
Sohn Gottes Jude ist, ist den Völkischen ein Ärgernis. In der Kirche gibt es
Juden- und Heidenchristen, die in Christus ein Leib sind. Beide sind Nächste, die nicht aus dem Ärgernis des Gekreuzigten herauskommen. Gott hat
trotz der Untreue seines Volkes Israel seinen Sohn als Sohn Abrahams geboren
lassen, und trotz seiner Verwerfung als Messias durch Israel hat er seine
Verheißung der kommenden Vollendung ganz an Israel gebunden. Das eigentliche Wunder ist diese Treue Gottes zu seinem Volk. Israels Auserwählung dient „einzig und allein der vollen Erhaltung des Skandalon Christou“.

Ehrenberg denkt und argumentiert heilsgeschichtlich. Das Heil hat seinen
Anfang in der Offenbarungsgeschichte des Alten Testamentes genommen. Israel ist und bleibt das auserwählte Volk Gottes. Die Offenbarung des Neuen
Bundes hebt diese Grundtatsache nicht auf. Die Sohnschaft Jesu Christi hebt
seine Abrahamskindschaft nicht auf. Der Glaube an Jesus als den Christus
wird die Entscheidungsfrage an Israel.

Juden, die zum Glauben an Jesus als den Christus Gottes kommen, repräsentieren in der Kirche den heilsgeschichtlichen Zusammenhang der beiden
Testamente. Sie werden in ein doppeltes Leiden geworfen: Sie leiden gegenüber Israel an der „Verstockung der Juden gegen die Wahrheit und Gnade
in Christo“ und sie leiden an der „Verstockung der Völker und Volkskirchen
gegen das Ärgernis der Heilsgeschichte“.

In der Kirche vertritt der Judenchrist die Sache der Offenbarung als Geschichte Gottes mit seinem auserwählten Volk. Er steht für den unaufgebba-
ren heilsgeschichtlichen Zusammenhang des biblischen Zeugnisses.

Im zeitgenössischen Protestantismus gab es Positionen, das Alte Testament
aus dem christlichen Kanon zu nehmen. Dagegen formuliert Ehrenberg in seinem Kommentar:

Und so wird der Protestantismus zur Sekte, sobald er die Heilsgeschichte

Israels nicht mehr als gegenwartsbedeutend nimmt und sich vormacht, die heutigen Juden hätten mit dem biblischen Israel nichts zu tun – eine satanische Täuschung, der es anheimfällt. Der Arierparagraf in der Kirche macht die Kirche zur Sekte.

Der Arierparagraf in der Kirche – Judenchristen können keine kirchlichen Ämter einnehmen – bedeutete, die sichtbare Verkörperung der Heilsgeschichte, die Judenchristen, aus dem Reich der Gnade auszuweisen. Juden müssen Christen werden können, wie Juden Juden bleiben dürfen, so die praktische Konsequenz. Deshalb ist sowohl „liberalistische philosemitische Assimilationstechnik wie die blutsschwärmerische antisemitische Aussonderung Israels aus den Völkern" eine Verfehlung. Gemeint ist: Assimilation ist Selbstaufgabe des Judeseins der Juden. Antisemitismus ist gewaltsame Unterdrückung der Möglichkeit, das Judesein zu leben. Die Existenz von Judenchristen dokumentiert, dass Israel als Volk unter den Völkern existiert und dass Kirche als Leib Christi aus Juden- und Heidenchristen existiert. Und die Judenchristen halten das Problem der heilsgeschichtlichen Dramatik des Handelns Gottes in einer Offenbarungsgeschichte vom Ursprung der Welt bis zum Ende der Welt offen. Und ein Volk bleibt nur so lange christlich, wie judenchristliche Existenz möglich und gesichert ist, wie eine Kirche nur so lange Kirche Jesu Christi ist, wie der Judenchrist in ihr volles Heimatrecht hat.

In der Konsequenz heißt das, dass jeder Arierparagraf eine Verfehlung ist: im Staat, weil er das Volk entchristlicht, und in der Kirche, weil er sie zur völkischen Sekte macht.

Bei Ehrenberg gibt es nicht die Möglichkeit, Ja zum Arierparagrafen im Staat (das wäre politischer Antisemitismus) zu sagen, aber Nein zu ihm in der Kirche. Sein heilsgeschichtliches Verständnis der Weltgeschichte lässt diese Trennung nicht zu. Antisemitismus – in welcher Form auch immer – ist Ungehorsam gegenüber der Rolle des Volkes Israel in der Geschichte der Völker. Sonderrechte für Juden, die Ehrenberg nicht für illegitim hält, wären aber im Gesamtzusammenhang seines Verständnisses der „Judenfrage" eben – wie schon ausgeführt – Schutzrechte für Juden, die ihnen innerhalb der Völker und Nationen ihr Jude-sein-zu-Können garantieren. Sonderrechte wären Rechte für eine Minderheit, die eine unaufgebbare und unaufhebbare Sonderrolle spielt. Diese Sonderrolle muss jenseits von Philosemitismus und Antisemitismus gesichert sein.

Die Thesen 23-32 beinhalten eine Hauptaussage, die ins Zentrum des Rassismus trifft: Rasse und Volkstum sind Unterarten der Schöpfung, keine schöpfungsverordnete Art. Eine Art ist „vorgeschichtlich urtümlich", eine Unterart hat sich natürlich-geschichtlich entfaltet. Gott erkennt auch des Menschen Unterart an. Er bestätigt „völkisches Eigenwesen, kleidet sie aber nie mit der Würde der Art. Jedes Volk steht an seinem Platze in Gottes Werkstatt." Im Klartext heißt das: Rasse und Völker sind keine Ur-Schöpfungsordnungen. Sie haben sich als Ordnungen natürlich-geschichtlich entwickelt. Im geschichtlichen Ordnungshandeln Gottes haben sie ihren Rang und ihre Bedeutung.

Damit ist der Weg frei, die zentrale Aussage, die jede völkische und rassische Ideologie torpediert, zu machen. Sie heißt: „Gemäß Apostelgeschichte 17, 26 und dem kirchlichen Taufformular gibt es nur Eine Menschenart." (Leitsatz 26) Apostelgeschichte 17, 26 steht: „Und er hat aus einem Menschen das ganze Menschengeschlecht gemacht, damit sie auf dem ganzen Erdboden wohnen, und er hat festgesetzt, wie lange sie bestehen und in welchen Grenzen sie wohnen sollen." Im Kommentar dazu heißt es:

Nur der Mensch kann artgemäß sein; der ist artgemäß, der das Maß des Menschen erfüllt.

Damit entlarvt sich das Reden von der Artgemäßheit der Ordnungen und von der Artgemäßheit des Christentums als fundamentaler Irrtum. Und die Forderung nach Artgemäßheit in der Kirche ist eine „getarnte Absage an Heilsgeschichte und Israel". Artgemäß könnte nur gegen den geschichtshandelnden Gott und gegen die Sonderrolle Israels definiert werden. Artgemäßheit endet in Atheismus und Antisemitismus. Mit der Aussage, dass es nur eine Menschenart gibt, ist nicht verbunden die Leugnung der Eigenart von Völkern und Rassen. Sie sind natürlich-geschichtliche Realitäten, die ihre Aufgaben in der Ordnung der Welt haben. Das Problem ist, wie diese „Unterarten" bezogen bleiben auf die „Eine Art des Menschengeschlechts". These 27 gibt die Antwort:

„Die Eigenarten der Rassen und Völker bleiben durch die Querlagerung Israels ständig auf die Eine Art des Menschengeschlechts bezogen. Sowohl die Menschheitsträumer wie die Rasseschwärmer sind zuchtlose Rationalisten ohne heilsgeschichtliche biblische Bindungen.

Eine aufregende Aussage: Das Dasein Israels in allen Völkern sichert ihre Bezogenheit auf die Einheit des einen Menschengeschlechts. Die „Querlagerung Israels" durch alle Völker hindurch ist das Einheit stiftende Fundament für die Völker als Menschheit. Die Konsequenz: Wer Israel aus sich ausscheidet, zerstört die Einheit der Menschheit. Sie wird zerstört wieder von den beiden Extremen: den „Menschheitsträumern" und den „Rassenschwärmern". Erstere verleugnen die Rolle der natürlich-geschichtlichen Ordnungen für das Ganze der Welt, Letztere zerstören die Einheitsklammer über alle Sonderungen hinweg: das eine Menschsein des Menschen.

Dass Völker Nationalkirchen ausbilden, entspricht deshalb für Ehrenberg dem Willen Gottes. Was nicht geht, ist eben die Ausbildung eines völkischen Christentums. Dass die Nationalkirchen sich nicht in Richtung auf eine Nationalreligion entwickeln, verdanken sie der Existenz von Judenchristen in den Nationalkirchen. Die „Christen aus Israel" sind in den Kirchen das Bollwerk, bei aller berechtigten Ausbildung ihrer nationalen Volkstümer die Einheit der Einen Kirche Jesu Christi zu zerstören. Die Judenchristen stehen in den nationalen Kirchentümern für die Universalität der Einen Kirche. Oder anders: Ohne Judenchristen ist der Weg von Nationalkirchen offen für den Irrweg in eine Nationalreligion.

In den Thesen 33-40 werden weitere Konsequenzen aus dem Grundansatz gezogen. Es hat sich argumentativ die These herausgebildet, dass die Stellung zum Judenchristen die Stellung zur Kirchenfrage entscheidet. Ihre Ausgliederung aus der Kirche bedeutete Verneinung der Kirche als Kirche, während die Eingliederung von Judenchristen in die Nationalkirchen das Nationalkirchentum als Kirche bejaht. Das Problem liegt also nicht bei den Judenchristen, die ihrerseits keine Probleme mit Kirchen haben, die von nationalen Eigenarten geprägt sind. Sind sie doch selbst Angehörige des gleichen Kulturkreises und von derselben Geschichte geprägt.

Ehrenberg argumentiert: Seit dem Jahre 70 (Zerstörung des Tempels in Jerusalem) werden die Kirchen von den Völkern geführt und gebaut. Es gilt: *Bis zum Ende dieses Äons hält Gott, um der Völker willen, Israel als Ganzes in der Verstockung; so lange gehen die Kinder Israels nur als Einzelne in die Kirche Christi ein, deren heilsgeschichtlichen Ausgangspunkt zu erneuern. Bildung eigener christlicher Gemeinden und Kirchen ist damit dem Juden verboten.*

Das heißt, zum Christentum bekehren sich nur einzelne Juden, die als Judenchristen Glieder von Nationalkirchen sind. In den Kirchen erinnern sie an den heilsgeschichtlichen Ursprung der Kirche in der Geschichte des auserwählten Volkes Gottes. Diese Rolle verlören sie, wenn sie eigene Gemeinden nur aus Judenchristen bilden würden. Für Ehrenberg ist die zeitgenössische Forderung, eigenständige judenchristliche Gemeinden zu bilden, eine heilsgeschichtliche Verfehlung, bei der die Kirche sich ihrer Herkunftsgeschichte entäußern würde. Im Kommentar ergänzt er diesen heilsgeschichtlichen Hinweis durch eine eschatologische Aussage:

Israels Sendung innerhalb der Kirche ist prophetisches Wort und Amt, der Messianismus. Um der Zukunftserwartung willen bedarf die Heidenkirche des judenchristlichen Geistes, also auch des judenchristlichen Gliedes. Das ist dessen einzige Sonderaufgabe in der Kirche.

Innerhalb der Nationalkirchen zwischen Juden- und Heidenchristen Unterschiede zu machen, wäre eine weitere Verfehlung des Geistes des einen „Taufformulars". Die Geist-Taufe gebietet die kirchenrechtliche Gleichstellung aller, die getauft sind. Rassenpolitische Kriterien können in der Kirche keine Heimat haben. Deshalb gilt:

Das Kirchenrecht bricht in dieser Beziehung völkisches Volks- und Staatsrecht [...]

Wieder im Klartext für die damalige Problemsituation: Eine Gleichschaltung des Kirchenrechtes mit dem Staatsrecht, wie es die Deutschen Christen proklamierten, sprengt die Einheit der Kirche aus Juden- und Heidenchristen. In der Kirche kann es keine Analogie zur NS-Ideologie und NS-Praxis geben.

Als theologischer Bekenntnissatz ist dies ein Satz mit politischen, mit machtpolitischen Folgen. Die Kirche verweigert sich von ihrem Wesen her der zentralen Forderung der Nationalsozialisten, Juden aus dem nationalen Leben auszuscheiden. Auch aus den notwendigerweise nationalen Volkskirchen Juden auszugrenzen, ist für sie, die Kirche, nicht möglich.

Ehrenberg weiß natürlich, was er hier formuliert hat: Die Einheit zwischen Juden und Heiden in der Kirche zu halten, muss zum Problem zwischen NS-Staat und Kirche führen. Und die Kirche muss sich offen der judenchristlichen Frage stellen. Sie muss ihr Wort finden.

Vorbereitet war sie auf diese Auseinandersetzung kaum. Die Phänomene des Antisemitismus in den Formen des religiösen, kulturellen, ökonomischen und politischen Antisemitismus waren ihr geläufig, aber mit konsequentem politischen Rassenantisemitismus, der staatliche und gesetzliche Macht für sich einsetzen konnte, hatte sie keine Erfahrung. Die Frage war, ob und wie sie sich zu dieser neuen Qualität des Antisemitismus verhielt.

Die Thesen 41-49 weisen zunächst auf eine mögliche Analogie hin: den Judaismus der Juden und den Judaismus einer Volkskirche ohne Judenchristen. Jüdischer Judaismus wäre es, „die Blutsbezogenheit im Glauben" – ein Faktum göttlicher Erwählung – mit einer „Blutsgebundenheit des Glaubens" zu verwechseln, d. h., Rasse und Religion, Blut und Glauben zu identifizieren. Christlicher Judaismus wäre es, den christlichen Glauben mit der arischen Rasse und dem deutschen Volk zur Einheit zu verschränken.

Solange nach Gottes „heils- und endgeschichtlichem Willen" das Beieinander das Israel nach dem Fleisch und das Israel nach dem Geist diese Geschichtszeit bestimmt und solange die Kirche solche Glieder enthält, „die dem Blut nach aus dem Volksleben der Jünger Jesu sind", trägt der judenchristliche Stamm die Früchte des heidenchristlichen Zweiges. Das heißt nichts anderes, dass die Heidenchristen ohne Verankerung wären, wenn es nicht das judenchristliche Fundament gäbe. Im Glauben der Judenchristen in der Kirche, der seine Wurzel tief in der Geschichte Gottes mit dem Volk Israels hat, „zeigt sich Israels Blutsbezogenheit im Glauben auch innerhalb der Kirchen". Was Ehrenberg meint: Die alttestamentliche Tradition bleibt durch Judenchristen in der Kirche besonders lebendig. Deshalb seine Frage (Leitsatz 49):

Welchen Grund hat dann der Heidenchrist, sich gegen den Judenchristen zu rühmen oder zu verwahren?

Die Thesen 50-59 thematisieren einige aktuelle theologische und kirchliche Fragen. Die „Israeltheologie" des Judenchristen Ehrenberg bleibt nicht folgenlos für die eigene Parteinahme in den Kontroversen der Zeit. Es ist eine Auseinandersetzung mit der DC-Theologie. Er bringt sie unter den Begriff des Schwärmertums. Dieses ist dadurch charakterisiert, dass versucht wird, Wurzelhaftigkeit und Blutsbezogenheit des Glaubens gegen die Judenchristen zu gewinnen. Schwärmerei ist nichts anderes, als Kirche ohne das heilsgeschichtliche Fundament des Alten Bundes zu wollen, eine Kirche auf deutschvölkischer Religiosität zu errichten, die dem politischen Zeitimpuls dient. Im Kommentar heißt es:

Die Schwärmer von heute machen aus Politik eine Religion, eine Sache der Schwärmerei. Sie wollen nicht mit Gott Politik, sondern mit Politik Gott treiben.

Sie wollen ihr Schwärmertum durchsetzen zum Preis der Ausgrenzung alles Jüdischen in Gesellschaft, Staat und Kirche. Die Kirche aber hat volle Gemeinschaft mit Judenchristen und sie hat „Ehrfurcht vor der heiligen Schar in Israel". Sie kann nach keiner Seite hin völkisch-antisemitisch sein. Sie sieht Israel mit den Augen Gottes, nicht mit den Kriterien eines biologisch-darwinistischen Rassenverständnisses. Wie für die Nationalsozialisten die Judenfrage zum Zentrum ihres Selbst- und Praxisverständnisses wurde, muss innerhalb der Kirche die judenchristliche Frage zum Kern der Auseinandersetzung werden. Oder anders: Das NS-Judenproblem begegnete der Kirche nicht als allgemeines Judenproblem, sondern in der spezifischen Ausprägung als Judenchristenproblem. Die Kirche konnte sich auf ihr Problem beschränken. Und das waren die Juden, die Christen geworden waren. Das allgemeine Judenproblem begegnete ihr auf dem Umweg über das Judenchristenproblem. Auch Ehrenberg hat zunächst nur das judenchristliche Problem als theologisches und kirchliches Problem interessiert. Seine zentralen Thesen sind in den Leitsätzen 58 und 59 formuliert. Sie heißen:

Die Entscheidung in der judenchristlichen Frage lautet für eine Kirche mit völkischem Willen: entweder Rottenkirche (ohne Judenchristen) oder wahre Kirche (Heiden- und Judenchristen, beide aus der Kindschaft Abrahams).

Die Kirche der Reformation in Deutschland steht oder fällt 1933 bei der Versuchung, die Judenchristen – ganz oder teilweise – aus sich auszusondern. Die judenchristliche Frage wird im letzten Teil des Kirchenstreites zu seinem Sinnbild und Kern.

Diese Position vertritt Ehrenberg seit seiner Schrift „Heimkehr des Ketzers" aus dem Jahre 1920. Seit dieser Zeit mahnt er ein klares Wort der Kirche an. Was für ihn jetzt 1933 geschieht, ist der Versuch, eine reine „Heidenkirche" zu schaffen, d. h., den heilsgeschichtlichen und realgeschichtlichen Zusammenhang der neutestamentlichen Kirche, die Judenchristenkirche und Heidenkirche zugleich war, aufzulösen. Dies hätte nicht nur den Bruch der Kontinuität seit und mit der Urkirche bedeutet, sondern auch die Aufhebung der Kontinuität mit der Geschichte Israels. Christen wären nicht mehr die Kinder Abrahams, sondern nur noch deutsche Volksgenossen als Nachfahren uralter Germanen. Christen wären nicht mehr Erben und Anbeter des an Israel handelnden Gottes, sondern seine Leugner und Widersacher. Und dass der Vater Jesu Christi der Gott der Juden und dass die Jünger in ihrem Stammesgenossen Jesus als den Christus Gottes glaubten – diese zentralen Zusammenhänge brächen endgültig auseinander. Übrig geblieben wäre eine von der Heilsgeschichte abgekoppelte Verehrung Jesu als Held und Vorbild. Eine germanisierte Jesulogie hätte die Christologie verdrängt.

Diesen Ernst der Sache zu sehen, war nur wenigen Zeitgenossen 1933 gegeben. Das mehrheitliche Interesse galt der Haltung der Kirche zur nationalen Revolution. Politik und Kirchenpolitik waren vielen, vor allem in den kirchenleitenden Organen, wichtiger als theologische Grundsatzfragen. Dass sich ausgerechnet an der Judenchristenfrage – Judenchristen waren eine kleine Minderheit in der Kirche – die Frage nach dem Kirchesein der Kirche entscheiden sollte, war vielen angesichts der großen Entscheidungsfragen eine lästige Randfrage. Die Position eines Hans Ehrenberg war eine klare Minderheitenposition. Böswillig oder insgeheim konnte sie als Abwehrstrategie eines in persönliche Schwierigkeiten kommenden Juden interpretiert werden, der seine Kirche in sein persönliches Schicksal verstricken wollte. Dass die judenchristliche Frage der theologische Kern des Kirchenkampfes sein sollte, war vielen nicht einsichtig. Sie hätten diese Frage lieber pragmatisch-seelsorgerlich lösen wollen. Sie waren bereit, Brüderlichkeit und Milde walten zu lassen, aber ihr Verhalten gegenüber Judenchristen als Prüfstein des eigenen Christseins zu begreifen, war ihnen eine Zumutung gegenüber dem eigenen Deutsch- und Nationalsein. Die Unerbittlichkeit der theologischen Argumentation macht Ehrenberg zum Außenseiter im zeitgenössischen Protestantismus. Und auch nur wenige Mitstreiter in der „Bekenntnisfront" konnten seine Position voll übernehmen.

Die Schwierigkeit der mehrheitlichen Rezeption seiner Position lag nicht so sehr im engeren theologischen Bereich. Da ließ sich bei Treue zur Schrift und zum Bekenntnis nicht sehr viel anders argumentieren. Sorgen hatten viele im Blick auf die mögliche politische und kirchenpolitische Konsequenz. Sorgen hatten sie im Blick auf ihre grundsätzliche Zustimmung zum neuen Staat. Dieser konnte von seinen Voraussetzungen her einen kompromisslosen Einsatz für Judenchristen in der Kirche als Distanzierung oder gar Ablehnung seiner Judenpolitik überhaupt interpretieren, als Absage an die zentrale Intention der Nationalsozialisten, alle Juden aus der deutschen Lebenswelt auszuschalten. Man konnte das Odium der nationalen Unzuverlässigkeit auf sich ziehen. Kampf für das gleichberechtigte Heimatrecht von Judenchristen in der Kirche hätte als Solidarität mit Juden überhaupt verstanden werden können. Nur in der Kirche hätte dann nicht gegolten, was allgemeiner Staatswille war. Ein politisches Ausnahmerecht für die Kirche konnte es nicht geben.

Und in der Tat: Diese mögliche und dann auch faktische Interpretation ist nicht falsch. Die Nationalsozialisten haben mit dem Gespür für Widerstandspotenziale gegen ihren Totalitätsanspruch genau gesehen, dass das Bleiben von Judenchristen – und seien es noch so wenige – in der Kirche ihrem Anspruch auf Um- und Neugestaltung der ganzen Nation nicht zu akzeptierende Grenzen gesetzt hätte. Die Kirche hätte sich als Machtbegrenzung des Staates erwiesen. Dass Juden irgendwo in Deutschland nicht nur als gleichwertig und gleichberechtigt, sondern sogar als notwendig für das Ganze verstanden werden konnten, war für sie – Widerstand. Dieser „Widerstand aus Glauben" war für sie gefährlicher als der Widerstand der „antifaschistischen" Opposition.

Ehrenberg brachte seine Kirche eben nicht nur vor eine theologische Entscheidungsfrage mit abstraktem Charakter, sondern stellte sie vor die Frage, ob sie bereit war, auch die möglichen Folgen ihrer Wahrheitsaussage zu tragen. Kein theologischer Satz von Ehrenberg war in dieser Situation politisch folgenlos. Natürlich hat der politisch denkende Kopf diese Zusammenhänge gekannt. Aber auch er selbst hat die möglichen politischen Konsequenzen nicht offen als politische Position gegenüber der staatlichen Gesetzgebung formuliert. Hier liegt sein Dilemma. Er bestritt dem Staate nicht das grundsätzliche Recht, Sonderrecht für Juden im Sinne von eingeschränkten Partizipationsrechten und Schutzrechten einzuführen, lehnte aber jeden politischen Antisemitismus zur Entrechtung und Verfolgung von Juden ab, und er hielt in der Kirche Sonderrechte für Juden oder gar ihre Aussonderung aus der Kirche für unverantwortbar. Die Frage war auch für ihn, wie lange sich diese Spannung durchhalten ließ. Noch (1933) machte seine Konzentration der Judenchristenproblematik auf die Kirche das Problem der Judenfrage im Staat zu einer Frage zweiten Ranges. Das Gefälle der eigenen Logik in dieser Frage war ihm noch nicht ins helle Bewusstsein gekommen. Zu verstehen ist das nur, wenn man ihm zugesteht, dass er zunächst an seiner ihm gegebenen Front gekämpft hat. Und das war eben die kirchliche.

Um mit seiner Position nicht missverstanden zu werden, problematisiert er in den Leitsätzen 60-72 noch einmal einige schon angesprochene Problembereiche. Es zeigt sich, dass er das Anliegen der Völkischen, die die „Sünden wider die Schöpfung, wider Blut und Volksleben sowie wider die Ordnungen der Schöpfung" vor das Forum von Theologie und Kirche bringen wollen, für richtig und wichtig hält. Nur muss dieses klar bleiben:

Das Völkische ist in Christo, d. h. innerhalb der Kirchen, lebendiges Material der Gestaltwerdung, wenn auch nie für den Glauben mitbestimmende Kraft; denn Glaube entsteht nur wider das Eigenvölkische in jedem Volk.

Was für Ehrenberg in der Situation des Jahres 1933 theologisch gegen Klerikale und Schwärmer hilfreich ist, ist die Vergegenwärtigung der „reformatorischen Rechtfertigungstheologie". Von ihr aus muss die Scheidung der Geister erfolgen. Die „Häresien und Rottungen" müssen beim Namen genannt werden. Das Verdammungsurteil muss gesprochen werden. Die „blutsschwärmerischen Ketzer" selbst müssen in der Liebe überwunden werden. Die Last dieser Auseinandersetzung muss getragen werden. Zwei Dinge müssen klar sein: die unverkürzte Stellung der Judenchristen in den Ämtern und in den Gemeinden und der Fortgang der Judenmission. Er fragt (Leitsatz 71):

Wäre nicht gerade jetzt eine Judentaufe das für die Kirche Christi notwendige Zeichen?
Juden gehen 1933 in die persönliche und politische Entrechtung, in die gesellschaftliche Isolierung und in die menschliche Ausgrenzung. Die Taufe von Juden wäre das Gegenmodell: die Aufnahme in die Gemeinde Jesu Christi als gleiche Menschen mit gleichen Rechten. Der Parole „Juden raus" stünde die Einladung in die Gemeinschaft der Abrahamskinder entgegen. Die Kirche weigerte sich, ein Volksgesetz (Nomos), d. h. Blut, Rasse u. a., zur Norm ihres Handelns zu machen.

Auch wenn die Thesen Spannungen zurück- und Fragen offenlassen, so ist die Hauptrichtung ihrer Argumentation eindeutig: Die Kirche gibt sich als Kirche Jesu Christi, des Heilandes aus Israel, selbst auf, wenn sie ihre Judenchristen unter dem Diktat eines antisemitischen Zeitgeistes und unter dem Druck staatlicher Erwartungen aus sich aussonderte. Und sie gäbe damit ihre heilsgeschichtliche Herkunft und ihre endgeschichtliche Hoffnung auf.

In den Leitsätzen und den dazu geschriebenen Kommentaren, die nur maschinenschriftlich vorliegen, sind noch eine Fülle von Einschätzungen und Wertungen zur Kirchen- und Theologiegeschichte, zur Reformation und zur Neuzeit zu finden. Sie sind aber mehr eingeblendet, als dass sie tragende Argumente sind. Der Kern des Anliegens Ehrenbergs dürfte überdeutlich sein.

Die Rezeption dieser Leitsätze im zeitgenössischen deutschen Protestantismus ist nur schwer nachzukonstruieren. Ehrenberg selbst weist in einem Nachwort zu seinem Kommentar (September 1933) darauf hin, dass die Diskussion um die judenchristliche Frage „rapide Fortschritte" gemacht habe. Er weist auf den Protest der 2.000 preußischen Pfarrer anlässlich der Nationalsynode in Wittenberg hin. Zum Arierparagrafen hatte es dort geheißen: „Es darf nicht sein, dass das Evangelium durch menschliche Gesetze begrenzt oder gar außer Kraft gesetzt wird."[74] Auf breiter Front sei „der Krieg um die göttliche Wahrheit" entbrannt. Er hätte noch darauf hinweisen können, dass Niemöller für den Pfarrernotbund „Sätze zur Arierfrage in der Kirche" formuliert und in der Jungen Kirche veröffentlicht hatte. Niemöller hatte u. a. formuliert:
Die Aufrichtung einer judenchristlichen Kirche ist eine Utopie; deshalb sind die Judenchristen als volle Glieder der Kirche aufzunehmen und ihre Ausschließung von den Ämtern ihrer sonst volkstumsmäßig bestimmten Kirche, zu

---

[74] KJ, 35 f.

der sie gehören, würde bedeuten, dass die Christenheit sich dem Willen Gottes grundsätzlich versagt. Wir haben in der Gemeinde, ob uns das sympathisch ist oder nicht, die bekehrten Juden als durch den Heiligen Geist vollberechtigte Glieder anzuerkennen.[75] Auch einige theologische Fakultäten äußerten sich zum Problem: so die Marburger am 20. September[76] und die Erlanger am 25. September 1933[77]. Ein Gutachten von Neutestamentlern „Neues Testament und Rassenfrage"[78] liegt ebenso vor wie auch einzelne Theologieprofessoren sich zur Sache geäußert haben.[79] Man wird sagen können, dass die Leitsätze von Ehrenberg eine gewisse Initialzündung gehabt haben. Bei großer Übereinstimmung gibt es zwischen dem Gemeindepfarrer aus Bochum und der universitären Gelehrtenwelt auch entscheidende Unterschiede und Differenzen. Ehrenberg betont stärker den heilsgeschichtlichen Zusammenhang von Altem und Neuem Testament und denkt stärker vom Bekenntnis der Kirche her. Er weiß sich in statu confessionis, d. h., es gilt zu bekennen, was Wahrheit ist. Die permanente Diskussion um exegetische Einzelheiten ist für ihn am Ende. Auch die seelsorgerlichen Fragen rücken angesichts einer elementaren Wahrheitsfrage an die zweite Stelle.

Ehrenberg wollte mehr als eine Diskussion und Verständigung unter Experten. Er wollte ein Konzil der Kirche, das autoritativ zu entscheiden hätte. Im Kommentar sagt er:

Das kommende Konzil über den Judenchristen ist der Konzilsbruder des Apostelkonzils über den Heidenchristen in Jerusalem nach Acta 15.

Dieses Konzil ist nie zustande gekommen. Die Kirche hat das angemahnte Wort nie gesprochen. Einzelne Personen und Gruppen in der Kirche sind bei der Arbeit über das judenchristliche Problem geblieben und haben Worte zur Sache verfasst, aber ohne Verbindlichkeit für die Kirche im Ganzen.

Auch mit dem Verfasser der Leitsätze haben einzelne Theologen und Christen weiter diskutiert. Ihn erreichten viele schriftliche und mündliche Anfragen über seinen Text, aber durchweg von Kollegen, die ihm nahe standen und kleinere Verbesserungen einforderten. Massiver öffentlicher Widerspruch aus den Reihen der Deutschen Christen ist nicht erfolgt.

---

[75] Van Norden, 361
[76] Siehe ebd., 363 ff.
[77] Siehe ebd., 371 ff.
[78] Siehe ebd., 367
[79] Siehe ebd., 374 ff.

Es ist – wie man an den Beispielen des Denkens und Publizierens von Ehrenberg und seinen Freunden ersehen kann – nicht so, dass es vor Barmen keine die Geister scheidenden Bekenntnisse gegeben hätte. Es wird in Barmen später nichts gesagt, was nicht schon vorher zur Sprache gekommen wäre. Vor allem aber: Vieles wird in den Bochumer Zeugnissen gesagt, was Barmen später nicht gesagt hat, was aber hätte gesagt werden müssen. Das „Bochumer Pfingstbekenntnis" und die „Bekenntnisfront" dürften in ihrer theologischen Qualität nicht hinter der „Theologischen Erklärung von Barmen" zurückstehen. Vor allem findet sich in ihr kein Satz zum Verhältnis von Kirche und Judentum. Die Entwürfe von Hans Ehrenberg und seinen Freunde im Jahr 1933 sind früheste Zeugnisse einer dem Zeitgeist widerstehenden Kirche vor Ort in der Ruhrgebietssynode Bochum.

Der politische Prediger Albert Schmidt

Neben Ehrenberg kämpfte mit den ihm gegebenen Mitteln der tagespolitisch engagierte Pfarrer aus dem Evangelisch-Sozialen Volksdienst. Schmidt war eine in Bochum und darüber hinaus bekannte kämpferische Natur. Er scheute keinen als notwendig erkannten Konflikt. Dieser kantige Mann aus christlich-sozialer Gesinnung auf dem theologischen Fundament der lutherischen Bekenntnisschriften geriet Anfang 1933 in eine schwierige Situation. Als einer, der am linken Rand des deutschnationalen Großlagers stand, begrüßte er die „Regierung der nationalen Konzentration" und hoffte auf einen „deutschen Sozialismus" auf antikapitalistischer Grundlage. Er hoffte auf die Wiederherstellung einer Volksgemeinschaft als Überwindung des Klassenkampfes. Doch bald musste er sehen, dass sich der neue Staat unter der Führung der NSDAP und ihres Kanzlers zu einem totalitären System entwickelte, das weder im politisch-moralischen noch im intellektuell-weltanschaulichen Bereich einen wie auch immer gearteten Pluralismus zuließ. Und er musste erkennen, dass die Avantgarde der Nationalsozialisten in der Kirche, die Deutschen Christen, auf die Gleichschaltung von Staat und Kirche hinarbeiteten und dabei bereit waren, wesentliche Wahrheiten des reformatorischen Bekenntnisses aufzugeben. Wie dramatisch er die eigene Situation und die des Protestantismus gesehen hat, zeigt ein Flugblatt, das er vor den Wahlen vom 5. März 1933 herausgegeben hat. Es gibt Einblick in das Geschichtsverständnis seiner unmittelbaren Vergangenheit und in den Denk- und Gefühlshaushalt eines Zeitgenossen, der seine Sorgen und Befürchtungen über die politische und kirchliche Szene mit klaren Worten beschreibt. Er polemisiert gegen die Funktionalisierung der Religion in Reden Hitlers und in DC-Gottesdiensten. Er warnt vor der Emotionalisierung der Politik.

Es ist der Aufschrei eines Mannes, der sich um seine politischen Hoffnungen betrogen und der seine Kirche sich in zeitgeistige Anpassungen auflösen sieht. Dieses Flugblatt ist in seinen Inhalten und in seinen Intentionen ein damals seltenes Beispiel, Staat und Kirche vor Irrtümern und Irrwegen zu warnen. Aber Schmidt blieb im Mehrheitsprotestantismus wie sein Amtsbruder Ehrenberg ein einsamer Rufer in und aus Bochum. Es lohnt sich, diesen Text zur Kenntnis zu nehmen.

Narkotikum für das protestantische Deutschland

Der 9. November 1918 war nicht nur ein Verhängnis für die gesamte deutsche Nation, sondern in besonderer Weise auch eine Katastrophe für das evangelische Deutschland. Über Jahrhunderte hinweg waren die evangelischen Deutschen daran gewöhnt, ihre staatspolitischen Urteile aus den Entscheidungen der angestammten Regierungsgewalten herzuleiten. Ein Luthertum, das in dieser Hinsicht nur ganz bedingt mit Luther in Beziehung zu setzen war, hatte die evangelischen Menschen dazu gebracht, nicht nur die Obrigkeit an sich zu achten, sondern auch ihre einzelnen politischen Entscheidungen als etwas zu werten, was durch „Römer 13 " geheiligt war. Das Wissen um politische Wirklichkeiten war aus diesem Grunde im protestantischen Deutschland erschütternd gering.

Hinzu kam noch die Tatsache, dass der Landesherr auch mit der Würde des obersten Landesbischofs umkleidet war, eine Notlösung der Reformationszeit, die nicht ohne Absicht der Landesherren selbst zur Dauerlösung geworden war. Die Gemeinschaft des Glaubens, die Kirche des Evangeliums war so auf Gedeih und Verderb, gewiss auch auf Gedeih, aber eben auch auf Verderb, an die Staatsleitung gekettet. Wir wissen, was das in der Zeit der zunehmenden Industrialisierung Deutschlands für die sozialistischen Arbeitermassen und ihr Verhältnis zur Kirche bedeutete. Der Träger des geistlichen Amtes stand für sie immer neben dem Schutzmann und neben dem Staatsanwalt. Solche Betrachtungsweise war gewiss ungerecht, aber bei der tragischen Verflechtung der geschichtlichen Wirklichkeiten nicht unverständlich. In dem Grade, wie sich die um ihre Grundrechte kämpfende Arbeiterschaft mit dem Staate verfeindet, in dem Grade begann sie auch der Kirche gegenüber ablehnend zu werden! Den Versuch einiger mutiger Männer, nicht zuletzt dem Adolf Stoek-kers, die breiten Massen der Arbeiterschaft durch eine ehrliche soziale Poli-tik sowohl bei der Kirche wie beim Staate zu halten, konnte unter dem Zeichen des Staatskirchentums kein durchschlagender Erfolg beschieden sein. Die Kirche des Staatskirchentums war nach Lage der Dinge eine feudale Angele-genheit des feudalen Staates. Stoecker hat diese Umklammerungen und Hem-mungen immer gefühlt. Deshalb forderte er die freie Kirche im freien Staate, um einer Tragik zu entrinnen, die wie ein Alp auf seiner Lebensarbeit wuch-ten musste.

Wer die Verhältnisse sieht, wie sie lagen, wundert sich nicht, dass die po-litische und wirtschaftliche Führung der Arbeiterschaft von solchen Kräften in die Hand genommen werden musste, die mit den bestehenden Gewalten in-nerlich gebrochen hatten. Zwangsläufig wurde so der Riss immer größer; zwangsläufig trieb ein Keil den anderen. Die sozialistische Arbeiterschaft geriet immer mehr in eine fanatische Kampfstellung gegen die bestehenden Gewalten.

Diese Kampfstellung nötigte sie, sich mit staatspolitischen, sozialpoliti-schen, wirtschaftspolitischen und kulturpolitischen Fragen in einem Maße zu beschäftigen, wie es der brave evangelische Bürger bei Weitem nicht tat. In gleicher Weise wurde der Katholizismus durch das Spannungsverhältnis ge-genüber der im Wesentlichen protestantischen Staatsleitung genötigt, sich eine geschulte politische Kampftruppe zu verschaffen. In der Zentrumspartei schuf sich der Katholizismus ein Instrument, das ihn befähigte, 1918 weit über den Rahmen seines zahlenmäßigen Bevölkerungsanteils hinaus in die Staats-machtstellen einzurücken.

Als bei der Revolution durch den Fortfall der Herrscherhäuser die politi-schen Stützen des deutschen Protestantismus fortgebrochen waren, stand, po-litisch gesehen, das evangelische Deutschland hilflos da. Dem klaren Wollen, der geschlossenen Macht des politischen Freigeistertums und des politischen Katholizismus hatten wir kaum etwas entgegenzusetzen. Wir begnügten uns mit der Propaganda des „Anti".

Antisozialistisch, Antizentrümlich! Das war unser politischer Kampfruf. Daran berauschten wir unsere Seelen. Dass dies noch keine positiven politi-schen Lösungen waren, merkten wir gar nicht. Wir begleiteten mit der Fanfa-renmusik des „Anti" die handgreiflichen politischen Maßnahmen der anderen. In langen Friedensjahren waren wir in unserer politischen Bedürfnislosigkeit daran gewöhnt worden, das Erlebnis einer begeisternden Rede schon als eine

politische Tat zu werten. Wir lebten vom stimulus, vom stimulus protestanti-
cus und stimulus germanicus. „Evangelisch bis zum Sterben! Deutsch bis in
den Tod hinein!"

So wundern wir uns nicht, dass auch heute noch der Fackelzug, der Auf-
marsch der Fahnen und Standarten, schmetternde Trompeten und rasselnde
Trommeln wesentlich die politischen Entscheidungen des evangelischen
Deutschland bestimmen. „Da geht einem doch mal wieder das Herz auf! Das
sind doch Töne, die man wieder hören will!" Gewiss geht einem das Herz auf,
auch uns!

Aber Politik ist nun einmal vor allem, ja fast ausschließlich eine Sache des
Verstandes und des Charakters und nicht des Gefühls.

Es ist nicht dazu da, um einen Überschwang abzureagieren, und wäre es
auch der Überschwang deutsch-protestantischer Empfindungen. Sie ist im letz-
ten keine Sache des Tönens, sondern des Handelns. Sie fordert einen klaren
Sinn und kann mit berauschten Stimmungen nichts anfangen.

Das protestantische Deutschland ist heute auf dem besten Wege, am 5.
März im Rausch zu wählen, um dann hernach im politischen und kirchlichen
Katzenjammer sich zu quälen.

Wir Evangelischen sind wacker dabei, unserem Volk und unserer Kirche
ganz verhängnisvollen Schaden zuzufügen. Wir sind wie die Träumenden. Wir
sind wie Nachtwandler. Wir wissen nicht, was uns geschieht. Man redet in po-
litischen Kundgebungen von „Gott", von dem „Allmächtigen". Man redet von
dem „Herren" und wir erschauern in Andacht!

Ist denn irgendein Bekenntnis zu irgendeiner höheren Macht schon „be-
wusster Gottesglaube" oder gar christlicher Gottesglaube?

Man erlebt es heutzutage tausendfach, dass Führer von kirchlichen Ver-
bänden und Gemeinschaften, die sonst leicht dabei sind, ernsten Christen
mangelnde Rechtgläubigkeit vorzuwerfen, sich schon mit den seichtesten li-
beralistischen Redensarten und mit elenden religiösen Plattheiten begnügen,
wenn sie nur nach Harzburger Manier zurechtgemacht sind. Man ist ver-
zückt, wenn der Kanzler Adolf Hitler seine politische Rede im Sportpalast mit
einem nur wenig abgewandelten Abschluss des „Vaterunser" schließt. Es ist
einem so andächtig ums Herz, wenn das letzte Wort dieser Rede voll partei-
politischer Leidenschaft das heilige Gebetwort „Amen" war. Man ist verzückt,
man ist zur Andacht gerührt, statt im heiligen Zorne gegen diesen unerträg-
lichen Missbrauch des Heiligen zu protestieren, statt sich aller Notverord-
nungen mit mutigem Ernst gegen solche kitschigen Vermanschungen des Re-

ligiösen und Politischen zur Wehr zu setzen. Im evangelischen Dome Berlins, der zuletzt die Aufbahrung des verehrungswürdigen Kaisers Wilhelm I. sah, wurde über den Särgen eines katholischen Schupo-Mannes und eines SA-Führers, dessen Konfession bis zur Stunde noch nicht festgestellt worden ist, eine politische Rede gehalten, die als Predigt gelten sollte.

Hemmungslos ging bei der Grabansprache der politische Hass einher, sodass evangelische Menschen am Radio angesichts solcher „evangelischer" Botschaft vom Grauen gepackt wurden. Aber Millionen waren auch hingerissen. Das Narkotikum des „Anti" hat ihr evangelisches Gewissen zum Einschlafen gebracht. Und als der Hassgesang zu Ende war, da klang es durch das Radio: „Vergib uns unsere Schuld, wie wir vergeben unseren Schuldigern." Das ist Verleugnung dessen, der da betete: „Vater vergib ihnen." Und wenn das im Anbruch des Dritten Reiches geschieht, wo soll es erst dann hinaus, wenn sich der Anbruch vollendet hat? Erinnern wir uns auch daran, dass bis zur Stunde jenes unselige Telegramm an die Beuthener Mörder noch nicht als Entgleisung widerrufen wurde, jenes Telegramm, in dem der Parteiführer der NSDAP seine Ehre mit der der Täter von Potempa verband! Evangelisches Volk! Das sind Flammenzeichen der Zeit.

Wehe unserem Volk, wehe unserer Kirche, wenn die heute so viel verkündete „christliche" Politik ihr Gesicht nicht gründlich ändert! Wir jagen uns im Laufe der Zeit schier den letzten Arbeiter aus der Kirche hinaus, wenn wir eine Politik als christlich bezeichnen, die vom Staat als einer Wohlfahrtsanstalt spricht, wenn es sich um die kümmerlichen Renten der Invaliden und Erwerbslosen, der Witwen und Waisen handelt, aber gleichzeitig Millionen bereitstellt, um Konzernen, Trusten und Großgrundbesitzern aufzuhelfen. Wie sagt doch Amos? „Tue nur weg von mir das Geplärr deiner Lieder! ... Es soll das Recht offenbar werden wie Wasser und die Gerechtigkeit wie ein starker Strom." Und wie sagt Jesaja? Wie würde er auch heute sprechen, wenn er die Sabotage der Siedlung und dazu die Osthilfeskandale erlebte? „Weh denen, die ein Haus an das andere ziehen und einen Acker zum anderen bringen, bis kein Raum mehr da sei, dass sie allein das Land besitzen!"

Erkennen wir auch die Gefahren, die darin liegen, dass heute durch die Verlautbarungen der radikalen Rechtsparteien und ihrer Führer unser Volk in zwei feindliche Heerhaufen auseinandergerissen wird? Wehe uns, wenn diese Hassgesänge und das Spielen mit dem Gedanken des Bürgerkrieges vom Volk als eine christlich-konservative Politik gewertet werden müsste!

Wehe uns, wenn eine Politik, die da meint, dass das deutsche Volk willig

nach dem Stiefelabsatz leckt, der es tritt, als eine Politik des positiven Chris-
tentums angesehen werden dürfte! Wehe uns, wenn Machiavelli zum Prophe-
ten einer sogenannten christlichen deutschen Politik würde! Das wäre doch
weit verhängnisvoller für die Kirche, und am letzten Ende auch für das deut-
sche Volk, als der Weg zu Thomas Münzer oder zu Tolstoi.

Es ist beschämend für uns Evangelische, dass ein katholischer Bischof es
verkünden muss, dass das Wort des Johannes auch für unsere Tage Geltung
hat, „So jemand spricht, ich liebe Gott und hasset seinen Bruder, der ist kein
Bruder." Und wenn die berufenen Organe der Kirche und kirchliche Organi-
sationen stumm bleiben, wir wollen nicht schweigen! Unsere Kirche darf we-
der zur Dienerin der Parteien noch zur Dienerin des Parteistaates werden. Sie
soll die freie geistige Heimat all derer sein, die nach dem Heil in Christus ver-
langen. Allein ein solcher Aufruf, wie ihn in parteipolitischer Einseitigkeit der
Evangelische Bund herausgebracht hat, jagt uns Industriepastoren wieder
Hunderte von Gemeindegliedern aus der Kirche oder verbittert sie doch bis
aufs Blut. Wir haben ja allen Grund, den Marxismus als ein Unheil für unser
Volk zu betrachten. Aber die Sozialdemokratie ist, je mehr sie sich vom Kom-
munismus absetzen kann, auf dem Wege, sich zu einem deutschen Sozialismus
umzubilden. Hindern wir sie nicht daran! Stoßen wir sie nicht in die Öde der
marxistischen Wüste zurück! Und hören wir, wir sind ja Jünger des Heilands,
der ein Heiland der gequälten und gedrückten Menschenkreatur ist, hören wir
doch den Verzweiflungsschrei des Elends, der ja auch im Marxismus auf-
schreit!

Begreifen wir unsere Aufgabe! Wählen wir nicht im nationalsozialisti-
schen protestantischen Rausch, sondern wählen wir aus einem vaterländischen
und evangelischen Gewissen! Das allein ist wirksamer Kampf gegen Marxis-
mus und Zentrum. Die Politik des „Anti" und des Rausches wird beide Par-
teien weder vernichten noch zertreten. Allein die Politik aus biblisch-refor-
matorischem Glauben wird sie überwinden und umformen. Es ist kein Zweifel
und wir wünschen es, dass die Harzburger Front in der nächsten Zeit die Ge-
schicke Deutschlands gestalten soll und muss. Doch geben wir dieser Front
einen Mentor zur Seite, der immer wieder daran erinnert, dass eine christli-
che und vaterländische Politik sittliche Bindungen sozialer Tatverpflichtun-
gen bejahen muss. Die Klüfte in unserem Volke sind nicht zu beseitigen. Wer
das glaubt, ist Schwärmer. Aber sie können überbrückt werden. Und eine
Brücke heißt: evangelisch, christlich und deshalb vaterländisch und sozial! Wir
machen sie stark, diese Brücke! Wählen wir bei der Entscheidungswahl des

5. März die evangelische politische Bewegung des Volksdienstes! Die Kirche und das Vaterland der Zukunft werden es uns danken.[80] Am 21. Mai 1933 (Sonntag Rogate) predigt Schmidt in der Bochumer Christuskirche über das Thema „Der Christ und die Obrigkeit". Diese Predigt beschert ihm die erste Vorladung durch die Gestapo. Sie ist ein Bekenntnis zu den Funktionen des Staates, wie es in der reformatorischen Tradition entwickelt worden ist. Aber mit Berufung auf sie prangert er die Rechtsverletzungen an, die im neuen System tägliche Praxis geworden sind. Es dürfte ein erregender Text sein, den hier ein mutiger Pfarrer in aller Öffentlichkeit gepredigt hat:

Der Christ und die Obrigkeit

Predigt in der Christuskirche Bochum, 21. Mai 1933

Zu den Aufgaben der Predigt gehört es, die Fragen der Zeit und des geschichtlichen Augenblicks zu den ewigen Wahrheiten der göttlichen Offenbarung in Beziehung zu setzen. Dieser Aufgabe darf sich ein Diener Gottes auch dann nicht entziehen, wenn ihre Erfüllung mit persönlichen Unannehmlichkeiten oder gar persönlichen Gefahren an Leib und Seele verbunden ist.

Nichts schadet der Kirche mehr, als wenn ihre Prediger und Verkünder des Wortes es am persönlichen Mut des Zeugnisses fehlen lassen. Kanzelwort, evangelisches Wort ist ein freies Wort des an Gottes Willen gebundenen christlichen Gewissens oder es ist wie dumm gewordenes Salz ohne Gehalt und Kraft, das man nach des Heilands Wort auf die Straße schüttet, auf dass es die Leute zertreten. Nun singt man heute zwar mit Begeisterung Ernst Moritz Arndts Lied von dem Gott, der Eisen wachsen ließ und der keine Knechte wollte, aber zu kaum irgendeiner anderen Zeit galt das so wenig wie heute, was die gleiche Liedstrophe sagt: „Drum gab er ihm den kühnen Mut, den Zorn der freien Rede." Die in vieler Hinsicht zu begrüßende Gleichschaltung an Millionen deutscher Menschen hat doch auch bei Hunderttausenden eine Ausschaltung der Gewissen mit sich gebracht, die wir um der Zukunft unseres Volkes willen tief bedauern müssen. Denn es ist nicht nur schwer zu denken, dass eine Nation einer besseren Zukunft entgegengeht, die Menschen, welche nicht zu den schlechtesten gehören, erst dann gebrauchen kann, wenn sie ihnen innerlich das Rückgrat gebrochen und sie ihrer Eigenart beraubt hat. Wir bitten zu dem, der die Wahrheit und das Leben ist, dass er uns vor solcher

---

[80] Rosowski, 126 ff.

Ausschaltung der Gewissen bewahren möchte, wenn wir in dieser Stunde sprechen und hören, was Gottes Wort uns über unsere Haltung zur Obrigkeit zu sagen hat. Es liegt mir daran, noch einmal ausdrücklich darauf hinzuweisen, dass unser Textwort die Epistel des heutigen Sonntags Rogate ist, dass also Gedanken über Christ und Obrigkeit heute nach der Überlieferung der Kirche behandelt werden sollen.

Paulus ermahnt den Timotheus zu Bitte, Gebet, Fürbitte und Danksagung, zuerst und vor allem für die Könige und alle obrigkeitlichen Gewalten. Warum sind wir der Obrigkeit solches Gebet der Fürbitte und der Danksagung schuldig? Paulus gibt uns im 13. Kapitel des Römerbriefes die Antwort: „Jedermann sei untertan der Obrigkeit, die Gewalt über ihn hat, denn es ist keine Obrigkeit ohne von Gott, wo aber Obrigkeit ist, die ist von Gott verordnet."

Die Einrichtung des Staates ist also eine Ordnung Gottes, eine Schöpfung und Stiftung des Schöpfers. Der Staat ist kein Gesellschaftsvertrag, den Menschen geschlossen hätten, wie Menschen Aktiengesellschaften und Konsumgenossenschaften oder sonstige Organisationen bilden. Gott wollte die Ordnung des Staates, wie auch die Ordnung der Familie. Der Staat eine Ordnung göttlichen Ursprungs, nicht menschlichen Willens. Darin beruht des Staates Würde, Hoheit und Adel.

Allerdings ist der Staat um der Sünde willen den Menschen gegeben. Wäre die Menschheit eine Menschheit ohne Sünde und Schuld, ohne Verbrechen und Laster, dann brauchte sie keine staatliche Ordnung, dann könnte sie in der paradiesischen Ordnung des Reiches Gottes in Frieden und Freude leben. Im Himmel, im Reiche Gottes gibt es keine staatliche Gewalt, weil dort dem Bösen nicht gewehrt zu werden braucht, weil dort Güte und Reinheit, Liebe und Edelmut, Selbstlosigkeit und Gerechtigkeit die Seelen bestimmen und leiten, bestimmen und leiten durch das Anschauen des ewigen Gottes, durch das Erfülltsein von der Kraft des Heiligen Geistes. Aber auf dieser Erde sind Hass und Gemeinheit, Eigensucht und Ungerechtigkeit herrschende Mächte. Würden diese Mächte der Hölle nicht durch die Gewalt des Staates abgewehrt, es würde gar bald einer über den anderen herfallen. Es würde einer den anderen fressen. Die Menschheit wäre in kürzester Zeit in einem Meer von Blut untergegangen.

So muss der Staat mit Schwert und Gewalt seines Amtes walten. Er ist ohne Schutzmann und Henker, ohne Gefängnis und Zuchthaus nicht zu denken. Es ist Schwarmgeisterei, sich eine Form des Zusammenlebens der Menschen zu erträumen, in der es ohne Gewalt und Macht zugehen könnte. Doch da der

Staat dem Bösen und den Bösen zu wehren hat, so hat er das Gute und die Guten zu schützen. Vor allem aber hat er dem Rechte zu dienen. Und wenn der Rechtszustand durch einen revolutionären Übergang erschüttert ist, dann haben die staatlichen Machthaber alles daran zu setzen, möglichst bald wieder neue Rechtsgrundlagen zu schaffen, gegebenenfalls auch durch scharfes Durchgreifen gegenüber denen, die ihnen ihre Macht verschafft haben und ihnen die Macht garantieren. Es ist unserer heutigen Regierung sicher ernst damit, aus Deutschland wieder einen Rechtsstaat zu machen. Kein Mensch wird behaupten können, dass wir es schon sind.

Ich weiß, was wir Christenmenschen der Obrigkeit schuldig sind. Acht Jahre lang habe ich im großen Schlussgebet des Gottesdienstes unseres Reichspräsidenten fürbittend und dankend vor Gott gedacht. Wohl als Erster habe ich von jenem Altar aus Gott um Schutz und Leitung und Hilfe gebeten für den jetzigen Kanzler unseres deutschen Volkes. Aber die Obrigkeit als eine gottgesetzte Ordnung achten, für die Obrigkeit und ihren Dienst in Kirche und häuslicher Andacht von Herzen beten, das bedeutet nicht, vor elementaren Rechtsverletzungen die Augen schließen. Gott verpflichtet seine Gläubigen zu Gehorsam und Achtung vor der obrigkeitlichen Regierung, aber er verpflichtet sie nicht dazu, auch die zu achten, die neben der geordneten Obrigkeit her sich Gewalt anmaßen, das Recht mit Füßen treten und statt die Bürger und ihr Eigentum und Leben zu schützen, Eigentum und Gesundheit deutscher Menschen bedrohen. Im Gegenteil, hier gilt es für einen Diener der Kirche in entschlossenem Ernst den Staat an seine göttliche Verpflichtung zu mahnen, die dahin geht, die Guten zu schützen. Ich weiß, in welche Gefahr ich mich begebe, wenn ich spreche, wie ich spreche, aber weder die Rücksicht auf meine fünf Kinder noch die Rücksicht auf die Gefährtin meines Lebens, noch die Rücksicht auf meine greisen Eltern können mich davon abhalten, von dieser Stelle aus feierlich dagegen Verwahrung einzulegen, dass es noch in dieser letzten Woche möglich war, dass in der Nachbarschaft unserer Stadt ein mir nahe stehender Familienvater, ein verdienter Frontsoldat, vor den Augen seiner Frau und Kinder und mitsamt seiner Frau in der Nacht von angeblichen Hütern der neuen Ordnung ohne Grund in seiner Wohnung überfallen und misshandelt worden ist. Über andere Misshandlungen, die mir als Pfarrer anvertraut wurden, habe ich geschwiegen, weil ich bei jenen Fällen noch nicht glaubte, dass Reden meines Amtes sei. Jetzt schweige ich nicht mehr! Wenn die berufenen Diener des staatlichen Rechtes nicht reden dürfen, dann müssen wir Diener Gottes als die berufenen Hüter des göttlichen Rechtes sprechen. Den Millionen und

Abermillionen, die heute in Freude schwimmen, sind ja Hunderte und Tausende meiner Amtsbrüder zu Dolmetschern ihrer hohen und begeisterten Gefühle geworden. Es wäre für die Zukunft der Kirche verhängnisvoll, wenn ihre Diener heute nur von dem Licht und nicht auch von den Schattenseiten unserer Zeit sprächen. So will ich heute ein Dolmetscher der Gefühle der Verfemten und Geächteten, der Verfolgten und Bedrückten, der Elenden und Geplagten sein. Und ich glaube, dass bei der Erfüllung solcher Aufgabe der nicht ferne ist, der da spricht: „Kommet her zu mir alle, die ihr mühselig und beladen seid. Ich will euch erquicken."

Gebe Gott, dass unsere Regierung über die Geister des Unrechts und der Gewalttat bald Macht gewinnt, dann ist sie wahrhaft und wirklich eine Obrigkeit, die Gott wohlgefällt und den Menschen wert ist. Dann wird sie auch der Gemeinde Jesu Christi ihren Gott gewollten Dienst tun, der darin besteht, dass jeder Staatsbürger seines Gewissens und seines Glaubens leben kann oder wie unser Text sagt: dass wir ein ruhiges und stilles Leben führen in aller Gottseligkeit und Ehrbarkeit. Denn das ist allerdings die hohe Aufgabe des Staates gegenüber der Gemeinde Jesu Christi, dass er als Hüter der Rechtsordnung auch das religiöse Leben der Kirche schützt. Diese hohe und dankenswerte Aufgabe des Staates wurde mir so recht klar, als ich vor einigen Jahren am ersten Ostertag zur Predigt diese Christuskirche betrat. Es war zu einer Zeit, als Störungen der Gottesdienste durch die Bataillone der Gottlosen zu erwarten waren. Da war die Kirche von verstärkten Polizeipatrouillen bewacht. So erkannte auch der alte Staat seine Verpflichtungen an, dafür zu sorgen, dass gottesdienstliches Leben unter seinem Schutz sich entfalten konnte. Eine so im Schutz des Staates lebende Gemeinde wird, wenn sie alle ihre Glieder durch ein starkes und bewährtes Recht geschützt und beschirmt sieht, nicht nur um des Befehles Gottes willen, sondern aus freudigem Herzen die Mahnung unseres Textes erfüllen: „Tut Bitte, Gebet, Fürbitte, Danksagung für alle, für den Präsidenten und Kanzler, für ihre Statthalter und Minister, kurzum für die gottesgesetzte Obrigkeit."

Amen.[81]

So ist auch 1933 in Bochum gepredigt worden. Es tritt hier ein klarer Gegensatz zu den Dankgottesdiensten, den Feldgottesdiensten und den nationalistischen Reden etlicher Bochumer Amtsbrüder in Erscheinung. So zu reden bedeutete, ins verschärfte Visier der Gestapo zu geraten. Der Gang zu den Verhören in deren Amtsstuben gehörte für Schmidt bald zum Alltag.

---

[81] Rosowski, 154 ff.

Der Konflikt zwischen Polizeistaat und Kirchenmann spitzte sich nach einer Predigt zum 450. Geburtstag Martin Luthers in der Christuskirche noch zu. Diese Lutherpredigt steht im Gegensatz zu den enthusiastischen Predigten und Vorträgen über den „deutschen Luther", den viele zum Vorläufer von Hitler machten. Für Schmidt ist Luther in erster Linie ein theologisches Ereignis. Deutlich wendet er sich gegen den arischen und nordischen Menschenkult. So im Herbst 1933 gepredigt zu haben, zeigt einen Prediger, der bei der Abfassung der Predigt sich denken konnte, dass sie für die Staatswächter ein Politikum werden musste.

Durch Demut und Schwachheit vor Gott zum Mut und zur Kraft vor den Menschen

Predigt zum 450. Geburtstag Martin Luthers, 10. November 1933 in der Christuskirche Bochum

Wir haben als evangelische und deutsche Menschen allen Grund, unseres Luther an seinem 450. Geburtstag in Dankbarkeit zu gedenken, doch wir haben als evangelische und deutsche Menschen nur wenig Veranlassung, auf uns als Luthers geistige Nachfahren stolz zu sein. Kein Festestrubel, kein Fahnenwehen und kein Abzeichenschmuck, so erfreulich sie sind, sollen uns die Tatsache verdunkeln, dass es in Deutschland schlecht steht um die Kirche der Reformation. Äußerlich, organisatorisch sind wir ja zu einer Einheit der deutschen evangelischen Landeskirchen gekommen, aber durch die Gemeinde des Evangeliums geht bis zur Stunde ein tiefer, klaffender innerer Riss. Hunderttausende der gläubigen evangelischen Gemeinde sind bis aufs Tiefste traurig, beleidigt und erschüttert über das, was man ihnen auf dem Boden der Kirche durch unevangelische Methoden der Bedrängung der Gewissen angetan hat. Sie warten auf das Bekenntnis der Schuld, wie man durch Vergeben und Verzeihen wieder zur Bruderschaft kommen könnte. – Während das so evangelische Deutschland aus tausend geheimen und offenen Wunden blutet, geht die römisch-katholische Kirche ihren Weg des stillen, aber großen Sieges. Während wir im Bruderkampf gegeneinanderstanden, brachte der päpstliche Kammerherr, Vizekanzler von Papen, was ihm als einem treuen Katholiken nicht zu verargen ist, mithilfe des Prälaten Kaas, des bekannten Führers der ehemaligen Zentrumspartei, ein Konkordat unter Dach und Fach, wie es seit fünf Jahrhunderten die päpstliche Kurie vonseiten des deutschen Reiches nicht gekannt hat. Die evangelische Kirche Deutschlands hat es 1918 und darauf erleben müs-

sen, dass sie in ihrem Verhältnis zum Staate weitgehend im Schatten der rö-
misch-katholischen Kirche lebte. Es gibt ernste Männer genug, die für das Jahr
1933 und die folgenden nichts anderes erwarten. Lassen wir doch einmal alles große Tönen beiseite und sehen wir die Dinge, wie sie sind. Wir haben Luthers Erbe nicht so verwaltet, dass wir offenen Auges vor ihm stehen könnten,
wenn er aus der Vollendung der Seligen zu uns herniedersteigen und Rechen-
schaft von uns forderte.

In Tausenden von Ansprachen und Predigten wird heute und demnächst am
19. November, an dem aufgeschobenen Luthergedenktage, von unserem Luther
als dem deutschen und heldischen Menschen gesprochen werden. Und Millionen von deutschen Protestanten werden sich damit begnügen, das Erlebnis einer nationalen und heldischen Persönlichkeit gehabt zu haben. Und wenn
dann gar noch die Parallele zwischen damals und heute, zwischen Luther und
dem Kanzler Adolf Hitler gezogen wird oder man Adolf Hitler zu einem zweiten Luther ausruft, dann wird man wieder einmal durch Festesrausch über den
bitteren Ernst unserer Lage als Glieder der evangelischen Kirche hinwegge-
kommen sein. Es ist ja kein Zweifel, dass unser Luther der größte Deutsche ist
und dass er unserem Volke auch als Deutscher viel, sehr viel geschenkt hat, und
wir dürfen wirklich auch als deutsche Menschen auf unseren Glaubensbruder
Dr. Martin Luther ehrlich stolz sein. Aber sollte sich auch in einer Zeit, in der
unser Volk mit besonderer Anstrengung um seine nationale Ehre ringt und
seines Deutschseins stärker als zu anderen Zeiten bewusst wird, nicht unseres
Luther als des Deutschesten der Deutschen freuen? Wer sollte in einer Zeit, in
der die kollektive Feigheit Millionen von deutschen Menschen erfasst hat,
wiederum des Mannes sich nicht freuen, der kühnlich, wacker und getrost gegen eine Welt von Feinden stand?

Ja, wir wollen uns des deutschen Helden freuen, aber zu einem wahren Lu-
thergedenken kommen wir nur dann, wenn wir Luther als den erkennen, der er
zutiefst und zuletzt sein wollte, ein Knecht Gottes oder, sagen wir es noch
deutlicher, ein Sklave Gottes, der sich selbst verlieren wollte, sich selbst preis-
geben wollte, sich drangeben wollte an seinen Gott. Weshalb stand Luther so
stolz vor Kaiser und Papst? Weshalb kümmerte er sich nicht um Massengunst
und Massenmeinung, weshalb konnte er den großen Haufen so achtlos beiseite
tun? Nicht aus der Naturkraft eines heldischen Sinnes heraus, sondern weil er
von dem wusste, der den Müden Kraft gibt und Stärke genug den Unvermö-
genden. Weil er sich von Gott gehalten und getragen wusste, von Gott gestützt,
gedrängt und geschoben, deshalb war er der trotzige verwegene Kämpfer und

Streiter. „Der Herr ist meine Macht und mein Psalm und ist mein Heil, die Rechte des Herrn behält den Sieg." Dieser Siegesgesang des Psalmisten ist auch das Siegeslied unseres Luther: Ein feste Burg ist unser Gott!

All sein Mut wuchs aus den zarten und verborgenen Wurzeln der Demut. „Ich danke dir, dass du mich demütigst und hilfst mir", sagt unser Text. Demut-!? Dagegen revoltierte und revoltiert heute und zu allen Zeiten der natürliche Mensch in dem Bewusstsein seiner sogenannten Persönlichkeitswürde. Demut? Nein, Stolz! Gnade? Barmherzigkeit? Nein, Recht und Gerechtigkeit! Sündengefühl und Schuldbewusstsein? Wir kennen es nicht und wollen es nicht! In Büchern und Zeitschriften protestiert man gegen diese Religion der Knechtseligkeit, gegen diese Religion des Sich-Wegwerfens. Die Gefühle von Demut, von Sünde und Schuld, das Verlangen nach Gnade und Barmherzigkeit taugen nicht, so sagt man, für den arischen oder gar für den nordischen Lichtmenschen. Der erhebt sich über solche Religiosität elender Sklavenseelen. Der will nichts wissen von solchen religiösen Gefühlen, die nur für die bastardisierte Mischrasse der Juden taugen. Frei und aufrecht stehen wir vor unserem Gott! So klingt es heute und so klingt es seit Jahrhunderten überall dort, wo man in irgendeiner Form das Evangelium vom Menschen predigte. Der Klang von Luther her ist allerdings ganz anders. Das ist der gleiche Klang, wie er in der Bibel anklingt, nein, nicht anklingt, sondern eindeutig und klar, stark und machtvoll durch die ganze Bibel hindurchtönt: „Es ist hier kein Unterschied, sie sind allzumal Sünder und mangeln des Ruhmes, den sie vor Gott haben sollen, und werden ohne Verdienst gerecht aus seiner Gnade durch die Erlösung, so durch Christum Jesum geschehen ist." Das ist keine andere Botschaft als die, die Luther in der Erklärung des zweiten Artikels verkündigt: „Ich glaube, dass Jesus Christus, wahrhaftiger Gott vom Vater in Ewigkeit geboren und auch wahrhaftiger Mensch von der Jungfrau Maria geboren, sei mein Herr, der mich verlorenen und verdammten Menschen erlöst hat, erworben, gewonnen von allen Sünden, vom Tode und von der Gewalt des Teufels, nicht mit Gold oder Silber, sondern mit seinem heiligen teuren Blut und mit seinem unschuldigen Leben und Sterben, auf dass ich sein eigen sei ... "

Nur wo diese Erkenntnis von dem verlorenen und verdammten Menschen vorhanden ist, nur dort kann der Segen der Reformation wirksam sein. Nur wo wir mit Luther mit Schmerzen erkennen, dass wir Menschen auf dem Wege des sittlichen Gehorsams nicht zu Gott gelangen können, dort können wir zu unserem Heil, zu unserer Freude und zu unserer Kraft erfahren, dass Gott in Jesus Christus den Weg zu uns gegangen ist. Zu unserem Heil, zu unserer Freude *und zu unserer Kraft! Ja, dein Heil, deiner Seele Seligkeit hängt daran, dass du dem Gott dich hingibst, der in der Gestalt des Jesus von Nazareth sich dir als Weg, Wahrheit und Leben offenbart hat.*

Doch nicht nur dein ewiges, jenseitiges Heil findest du bei deinem Gott-Heiland und Gott-Erlöser, hier in dieser Weltzeit wirst du ein anderer, ein Sieghafter durch ihn. Als begnadeter Sünder wirst du von einer Freude erfasst, die dich befähigt, immer wieder die Widerwärtigkeiten des Alltags zu überwinden. Und eine Kraft kommt in dein Herz, die dich zu einem trutzi¬gen und verwegenen Menschen macht, die dich auch dann noch nicht verzagen lässt, wenn die anderen schon längst den Kopf hängen lassen. Durch das Schwachwerden vor Gott verwandelt sich Unterliegen in Siegen, Traurigkeit in Freude, Bangigkeit in Friede. Hätten wir in Deutschland nur mehr Menschen, die bekennen wollen: „Mit unserer Macht ist nichts getan", wir hätten auch mehr Menschen, die triumphieren könnten: „Und wenn die Welt voll Teufel wär, und wollt uns gar verschlingen, so fürchten wir uns nicht so sehr, es muss uns doch gelingen." Amen.[82]

Schmidt wurde wieder ins Polizeipräsidium beordert. Nach dem Verhör hat er einen langen „Rechtfertigungsbericht" geschrieben, der zu einem Lebensbericht über sein politisches und kirchliches Denken wurde.[83] Er weist auf seine militärische Laufbahn hin, die er als hochdekorierter Offizier und als Gegner der radikalen Sozialisten beendete. Er berichtet über sein parteipolitisches Engagement für einen „Volkssozialismus" und über seine Zustimmung zum Ermächtigungsgesetz als Reichstagsabgeordneter. Er will zeigen, dass er nicht in einer prinzipiellen politischen Ablehnung des neuen Staats steht, aber – und dies Aber wird entscheidend:

[…] so habe ich doch die Pflicht, die Gemeinde darauf aufmerksam zu machen, dass Luther nicht zuerst und zuletzt der deutsche Held, sondern eben der deutsche Reformator, also der Wiederbringer der Botschaft der Gnade Gottes in Christus Jesus war. Die Kirche und ihre Prediger werden gerade dann dem Volk und dem Staate das Beste geben, wenn wir zuerst und vor allem die Herrschaft Gottes über die Menschen verkünden. Das habe ich getan, das werde ich tun.[84]

Guter Deutscher und Patriot, guter Staatsbürger zu sein und gleichzeitig Bekenner des Evangeliums und treuer Diener der reformatorischen Kirche und ihrer Verkündigung sein zu können, in dieser Spannung will Schmidt leben. Damit aber lehnt er den Staatsabsolutismus ab, der die praktische Gefolgschaft

---

[82] Rosowski, 157 ff.
[83] Siehe Rosowski, 45 ff.
[84] Ebd., 47

und die Gewissen der Menschen gleichzeitig haben will. Um des Evangeliums willen muss er den totalen Staat ablehnen, ist aber zur Mitarbeit bereit, wenn es mit dem freien Gewissen des Christenmenschen vereinbar ist.

1933 glaubte Schmidt noch trotz aller Zeichen, dass der immer mehr totalitär werdende Staat diese Unterscheidung von seinem Selbstverständnis her nicht akzeptieren konnte, an eine Chance, als nationaler Patriot und als im Evangelium gebundener Christ und kirchlicher Amtsträger leben und wirken zu können. Dies erwies sich im Laufe der nächsten Jahre als Illusion.

Nachwort

Die beiden Gemeindepfarrer Ehrenberg und Schmidt dürften außergewöhnliche Männer der Bochumer Kirchengeschichte gewesen sein. Zusammen mit einigen anderen Amtsbrüdern, die wir hier nicht vorstellen können, repräsentieren sie Kirche im Widerstehen gegen den politischen und weltanschaulichen Zeitgeist des Nationalsozialismus und dessen Versuch, mithilfe der Deutschen Christen die Kirche in ihrem System gleichzuschalten. Verankert in biblischer und reformatorischer Theologie haben die beiden Pfarrer versucht, bei den Wahrheiten des christlichen Glaubens gegen die Irrtümer und Irrwege einer anpassungsbereiten und sich selbst auflösenden Kirche zu bleiben. Ihrer beider Konzentration auf „Schrift und Bekenntnis" ließ sie renitent sein gegen binnenkirchliche Häresien und staatliche Totalitätsansprüche. Von den Nationalsozialisten her gesehen waren sie Gegner und Feinde des NS-Staates und wurden später entsprechend behandelt. Sie selbst haben sich aber nicht als Männer im politischen Widerstand verstanden, sondern als widerständige und leidensbereite Christen und Theologen. Die Wächter über die Gesinnungen der Volksgenossen haben in der Tat richtig erkannt, dass die Theologie, die Bekenntnisse und Predigten dieser Männer die schärfste Form eines widerständigen Geistes gegen die neuheidnische Weltanschauung und ein totalitäres System waren. Dass sie zusammen mit ihrem Mitstreiter Ludwig Steil ins Gefängnis und in Konzentrationslager kamen, dürfte der Logik des totalitären Führerstaates entsprochen haben.

Die Bochumer Synode und die Stadt Bochum haben Gründe, diese Männer im gegenwärtigen und zukünftigen Gedächtnis zu behalten. Sie haben die „andere Kirche" und das „andere Deutschland" gelebt und für beide gelitten.

Hans Ehrenbergs 72 Leitsätze zur judenchristlichen Frage

Hebr. 11. 26.

Im Namen des Vaters Jesu Christi, des Gottes Abrahams, Isaaks und Jakobs.

1. Die Kirche im nationalsozialistischen Deutschland wünscht ihr Glaubensleben bluthaft zu binden, erdhaft zu verwurzeln, leibhaft zu verwirklichen, volkhaft zu gestalten. Dieses begründete Anliegen ist, richtig verstanden, kein Anliegen von Fleisch und Blut, stets aber eine ungeheure Versuchung für alles Fleisch und Blut.

2. Das Zeitalter des Liberalismus brachte Gewissensschürfung und sachlichen Ernst, aber unterhöhlte das Gesetz und die Zucht bis zum marxistischen Grundsatz: Alles ist erlaubt! So wurde es ein Zeitalter der „Sünden wider die Schöpfung".

3. Der völkische Mensch verdammt die Sünden wider die Schöpfung als Todsünden und verwirft die Weichlichkeit im Urteil über diese Sünden. Zur Hilfe dafür fordert er die sichtbare Kirche als seinen Partner an und bietet der kirchlichen Gesetzespredigt Schutz; der völkische Staat will volksorganisch planend im Kampf gegen die Mächte der Volkszersetzung vorangehen.

4. Der völkische Mensch ist der erfolgreiche Gegenspieler des Liberalismus und Marxismus, aber nicht sein Überwinder. Anstatt Wort und Bekenntnis nennt er Volk und Rasse als Spitze der göttlichen Ordnung auf Erden. Solange er die richtige Rangordnung zwischen geistlich und weltlich noch nicht wiederhergestellt hat, bleibt er seinem Feinde, dem Liberalismus, verhaftet, fällt in zuchtlose Dogmenscheu zurück und schämt sich für den Menschen, den großen, gewaltigen und heldischen Herren der Erde, des Evangeliums von der reinen Gnade des Herren des Himmels.

5. Den letzten Abschnitt im Kampf wider die Zuchtlosigkeit und Ehrlosigkeit der liberalistisch-marxistischen Zeit führt nicht der Staat, sondern die Kirche, auch wenn sie zuvor im Kampf um die weltliche Autorität in Volk und Staat die Führung der politischen Bewegung überlassen musste; in dieser einen Richtung muss sich auch der nationalsozialistische Staat beugen lernen; dann ist das Vaterland wirklich durch ihn gerettet.

6. Israel geht quer durch alle Völker der Erde hindurch; dies ist eine Tatsache; sie ist aus dem göttlichen Heilsratschluss zu deuten, der irgendein Volk – nach dem Willen Gottes ward es das geringe, nichtssagende Volk Israel für seine Verwirklichung benutzt (auswählt) (s. 27.).

7. Die Querlagerung Israels durch die Völker der Erde gilt sowohl für die, welche Israel nur noch unter dem Fluche des Gerichts sehen, wie für die, welche gemäß biblischer Offenbarung (Paulus, Römer 9) es sowohl unter dem Fluche wie unter der weiterwirkenden, erwählenden, grundlosen Gnade erblicken.

8. Jude-Sein ist für die weltlich Denkenden und die Intellektuellen ein Nationalcharakter, für die geistlich Denkenden, die Kindlichen und die Wiedergeborenen nur eine Funktion der erbsündigen Menschheit: Gottes einmaliges „Schulbeispiel" („Anschauungsunterricht") für gut und böse, heilig und heillos.

9. Die Völker haben sich nicht gegen den Willen Gottes mit Israel zu wehren: denn dieser Wille mit Israel ist nie etwas anderes als Gottes Heilswille mit den Völkern selber, so sehr, dass sogar aus dem Fall und der Verwerfung Israels den Heiden das Heil widerfährt und Israels Schade der Welt Reichtum wird (Rom. 11,11 u. 12). Jeder Gnadenerweis Gottes an Israel ist ein Gnadenakt an den Völkern, und jedes Gottesgericht an Israel bedroht alle Völker mit dem gleichen Gericht: Denn es haben Ihn alle gekreuzigt.

10. Israel hat das Recht auf die Freiheit seines Lebens unter den Völkern, die Völker haben das Recht zur Sonderrechtsbestimmung gegen Israel. Philosemitismus und Antisemitismus stehen beide nicht im Gehorsam gegen Gott.

11. Das Verhältnis zwischen den Völkern und Israel ist wechselnd je nach den Volksepochen; in Zeiten der Volksexpansion neigt das Verhältnis der Völker zu Israel zur Freundschaft und Assimilation, in Zeiten der völkischen Autarkie zur Aussonderung und Feindschaft.

12. Die Kirche Christi hätte in den Zeiten der Assimilation sich gegen übertriebene, unverfrorene Gleichheitsansprüche Israels stellen sollen, in Zeiten der Aussonderung hat sie Israel gegen übertriebene, zuchtlose Feindschaft vonseiten der Völker zu schützen. Warum schwieg und schweigt sie?

13. Es ist nach Zeiten einer überaus schweren Versündigung gegen die Schöpfung, woran Israels übermäßige Assimilation mit Schuld ist, zu einer so harten Reaktion der Volksautarkie gekommen, dass zum ersten Mal seit Christus der getaufte christusgläubige Jude in die völkische Ablehnung und Aussonderung einbezogen wird: anstatt individualistischer Sünde wider die Schöpfung kollektivistische Sünde wider die Offenbarung!

14. Der Christus Jesus ist kein nationaler Messias, deshalb haben ihn seine Stammesgenossen nach dem Fleische, die Juden, gekreuzigt; dass er der Sohn des lebendigen Gottes ist, kann auch einem Juden nicht Fleisch und Blut offenbaren: Gleichwohl kommt das Heil von den Juden, nach Gottes Ratschluss, ein Ärgernis für die Juden selber und ein Ärgernis für alle Völker.

15. Dieses Ärgernis wird dadurch festgehalten, dass Jude und Heide in Christo Jesu eins sind – eins wie Mann und Weib – seelisch und leibhaft in der Einheit des Leibes Christi, obwohl sie irdisch Heide und Jude bleiben. Die Einswerdung ist eine bedingungslose.

16. Darum ist der Heidenchrist dem Judenchrist, der Judenchrist dem Heidenchrist als Nächster gesetzt und notwendig, damit keiner je aus dem Ärgernis des Gekreuzigten herauskommt.

17. Der Judenchrist sowie der heilige Rest seiner ungetauften Stammesgenossen ist zum Zeugen dafür berufen, dass Gott seine Treue dadurch überschwänglich preist, dass er nicht nur trotz aller Untreue Israels seinen Sohn als Sohn Abrahams hat geboren werden lassen, sondern dass er auch, nachdem Israel als Ganzes den Messias verworfen hat, die Verheißung der kommenden Vollendung ganz an Israel nach dem Fleische gebunden sein lässt. Dieses Wunder der Treue Gottes darf niemals als religiöse Bedeutung des Volkstums gedeutet werden, weder des jüdischen noch eines anderen.

18. Israels Auserwählung dient also einzig und allein der vollen Erhaltung des skandalon Christen. Die Existenz des Judenchristen verkörpert seit der Urgemeinde personell die Heilsgeschichte in den Volkskirchen.

19. Insofern ist dem Judenchristen ein zwiefaches Leiden gesetzt: das Leiden an der Verstockung der Juden gegen die Gnade und Wahrheit in Christo (Paulus wünschte um seines Volkes willen, so er es zum Christus reizen konnte, von Christo verbannt zu sein) und das Leiden an der Verstockung der Völker und Volkskirchen gegen das Ärgernis der Heilsgeschichte.

20. Die Verkörperung der Heilsgeschichte im Judenchristen ist nur in der Kirche unerlässlich, die auf der Schrift, dem Zeugnis der Heilsgeschichte, aufbaut, also in der Evangelischen Kirche. Nur in ihr wird die Existenz des Judenchristen zum Anlass einer Parteiung.

21. Die Heilsgeschichte und ihre Verkörperung im Judenchristen für das Reich der Gnade verbietet ebenso die liberalistische philosemitische Assimilationstechnik wie die blutschwärmerische antisemitische Aussonderung Israels aus den Völkern.

22. Will das Volk nicht unchristlich bleiben, so ist die Eingliederung des Judenchristen das Mindestmaß an voller Zugehörigkeit Israels zum Volkstum der Völker, in Zeiten starker Volksautarkie auch einmal das Höchstmaß.

23. Der Liberalismus stellte sich in Bezug auf die Schöpfung als Darwinismus dar: Leugnung der Arten. Die völkische Schwärmerei setzt dagegen auch die Unterart (Familie im biologischen Sinne) als eigene Art, ist also Darwinismus bzw. Liberalismus mit umgedrehtem Vorzeichen. Rasse und Volkstum sind Unterart, nicht Art.

24. Art ist schöpfungsverordnet, „besamt sich jede nach ihrer Art" (Fortpflanzungseinheit); Unterart ist geschöpflich geworden, entwickelt sich durch Sprossung und Kreuzung. Jene ist vorgeschichtlich urtümlich, diese geschichtlich sich entfaltend im Werden und ergehen, Sterben und Neuwerden.

25. Gott erkennt auch des Menschen Unterart, die geworden ist, an und bestätigt ihr völkisches Eigenwesen, kleidet sie aber nie mit der Würde der Art. Jedes Volk steht an seinem Platze in Gottes Werkstatt.

26. Gemäß Apostelgeschichte 17,26 und dem kirchlichen Taufformular gibt es nur Eine Menschenart.

27. Die Eigenarten der Rassen und Völker bleiben durch die Querlagerung Israels ständig auf die Eine Art des Menschengeschlechts bezogen. Sowohl die Menschheitsträumer wie die Rasseschwärmer sind zuchtlose Nationalisten ohne heilsgeschichtliche biblische Bindung (s. 6.).

28. Gott will, dass die Völker Nationalkirchen und volkhaft gestaltete Kirchen, aber nicht ein artgemäßes Christentum ausbilden.

29. Der Judenchrist korrigiert durch sein bloßes Dabeisein innerhalb der Gemeinde die Verfälschung des Christenglaubens in der Richtung auf eine Nationalreligion in den Nationalkirchen.

30. Kraft Eingliederung des Judenchristen in die Volkskirchen gewinnen diese die Erlaubnis, trotz der unbedingten Einheit der einen Kirche Christi, Nationalkirchen zu bilden und ihre Volkstümer vollständig in ihren Kirchen zur Wirkung zu bringen.

31. Die römische Kirche erhält diese Erlaubnis nicht, weil sie heilsgeschichtlich ebenso von den Heiden (Antike) wie von Israel ausgehen will, und erfährt daher die Eingliederung des Judenchristen nicht wesenhaft. Sie darf und kann keine echten Nationalkirchen bilden und kränkt die Eigenart jedes Volkstums, aber sie hat so lange in der Welt der Völker und

Staaten dazustehen, bis die Kirchen der Reformation ihre Völker bekehrt haben, die echten Nationalkirchen entstanden sind.

32. In der Kirche der deutschen Reformation ist das Musterbeispiel der echten Nationalkirche in die Erscheinung getreten; wenn sie Luthers Lehre von den beiden Regimentern treu bleibt, ist sie der römischen Weltkirche vollauf gewachsen.

33. Bei der Stellung zum Judenchristen tut sich kund, wie man zur Kirchenfrage steht. Die Eingliederung des Judenchristen in die Nationalkirchen bejaht das Nationalkirchentum „als Kirche", seine Ausgliederung verneint es „als Kirche".

34. Die von deutsch-christlicher Seite gegebene Formulierung des Judenchristen als „Korrektur" beruht auf seiner bloßen Existenz in der Nationalkirche.

35. Führen und Bauen der Kirchen fällt seit dem Jahre 70 allein den Völkern zu; Judenchristentum gibt es hinter dem Jahre 70 nicht mehr. Bis zum Ende dieses Äons hält Gott, um der Völker willen, Israel als Ganzes in der Verstockung; so lange gehen die Kinder Israel nur als Einzelne in die Kirche Christi ein, deren heilsgeschichtlichen Ausgangspunkt zu erneuern. Bildung eigener christlicher Gemeinden und Kirchen ist damit den Juden verwehrt.

36. Ins Subjektive übertragen, gibt die Existenz des Judenchristen in der Volkskirche diesem den Auftrag, durch prophetische Nüchternheit die „Korrektur", die er darstellt, auszuüben.

37. Die Korrektur durch den Judenchristen in den Nationalkirchen des Evangeliums kann nicht ausgeübt werden, wenn zwischen ihm und dem Heidenchristen in der Kirche in irgendeiner Richtung ein Unterschied gemacht wird.

38. Das Kirchenrecht bricht in dieser Beziehung völkisches Volks- und Staatsrecht, so Volk und Staat christlich bestimmt sein sollen.

39. In Zeiten der Volksexpansion wird die Einheit zwischen Jude und Heide in Christo Jesu leicht getragen, in Zeiten der Volksautarkie wird sie sichtbar Problem und Aufgabe.

4. Es ist einer völkisch orientierten Zeit der Kirchengeschichte vorbehalten, sich der judenchristlichen Frage nicht länger zu schämen, sondern sie offen zu stellen, zu erörtern und zu lösen.

41. Da die Blutsbezogenheit Israels im Glauben und kraft grundloser Erwählung besteht, so kann Gott dem Abraham auch aus diesen Steinen Kinder

erwecken, und zahllose Kinder Israel haben in der Emanzipationszeit als entartete Juden ihren Vater Abraham verraten.

42. Die Blutsbezogenheit des Glaubens in Israel dient nur zum Erweis der Treue Gottes, zum Stachel der Buße für die Völker der Erde, Juda selbstredend eingeschlossen, und zum Zeichen dafür, dass Gottes Heilswille den ganzen Menschen, Seele und Leib, Geist und Blut, meint.

43. Juda neigt dazu, seine Blutsbezogenheit im Glauben als eine Blutsgebundenheit des Glaubens anzusehen und verfällt dem Rühmen: Judaismus.

44. Ebenso verfällt die Volkskirche, die den Judenchristen aus sich ganz oder teilweise aussondern will, dem Judaismus.

45. Gemäß dem heils- und endgeschichtlichen Willen Gottes mit Israel und mit den Völkern hat das Israel nach dem Geiste – die Kirche – das Israel nach dem Fleische noch nie ganz aufgesogen und trägt außerdem in sich zu allen Zeiten solche, die dem Blut nach aus dem Volkstum der Jünger Jesu sind (s. 35.).

46. Paulus hat im Bild vom Christus-Baum in Römer 11 unterschieden zwischen dem judenchristlichen Stamm und den heidenchristlichen, aufgepfropften Zweigen.

47. Die Edelfrüchte des Christus-Baumes wachsen also an den heidenchristlichen Zweigen des Heilsbaumes.

48. Nur in der wurzelechten Unmittelbarkeit der Glaubenskraft des Judenchristen zeigt sich Israels Blutbezogenheit im Glauben auch in der Kirche.

49. Welchen Grund hat dann der Heidenchrist, sich gegen den Judenchristen zu rühmen oder zu verwahren?

50. Im nationalsozialistischen Deutschland will die Volkskirche die Wurzelhaftigkeit des Glaubens auch für die Heidenschriften.

51. Dieser Wille hieße Vollendung des Glaubens in der heidenchristlichen Kirche. Darum muss er auf allen vorherigen Grundlagen des Glaubens aufbauen.

52. Jede Schwärmerei aber vergisst Vorstufen und Stationen des Glaubensweges; hochgeistliche (lutherische und reformierte) Schwärmer des dritten Artikels schließen sich heute zu einem schier unverständlichen Bunde mit nackten Naturalisten, Schwärmern des ersten Artikels, in einer „deutsch-christlichen Glaubensbewegung" zusammen.

53. Der Wille zur Blutsbezogenheit des Glaubens darf in den Heidenkirchen niemals aus einer Eifersucht dem Judenchristen gegenüber erwachsen,

auch wenn diese Eifersucht ein Zeugnis der Liebe zu Israel ist.

54. Der Wille zur Blutsbezogenheit droht Schwärmerei zu werden, sobald er sieh gegen die Judenchristen rühmt oder verwahrt.

55. Der völkische Christ mit seinem Willen zur Wurzelhaftigkeit und Blutsbezogenheit des Glaubens mündet in liberalistischer Ideologie, sobald er diesen Willen ohne Leiden und Opfer erkaufen will.

56. Israel hat seine Blutsbezogenheit mit den Schrecken seiner Auserwählung erkaufet müssen, mit der Gerichtsnähe seiner Geschichte, mit der ständigen allseitigen Bedrohtheit seiner heimat- und ehrlosen Existenz.

57. Der Heidenschrift hat das Gleiche nicht mit den gleichen Opfern zu erkaufen; er braucht nicht heimat- und ehrlos zu werden; sein Kaufpreis ist allein die volle kirchliche Gemeinschaft mit dem Judenchristen und die Ehrfurcht vor der heiligen Schar in Israel, auf dass er nicht selber sich ehrlos mache.

58. Die Entscheidung in der judenchristlichen Frage lautet für eine Kirche mit völkischem Willen: entweder Rottenkirche (ohne Judenchristen) oder wahre Kirche (Heiden- und Judenchristen, beide aus der Kindschaft Abrahams).

59. Die Kirche der Reformation in Deutschland steht oder fällt 1933 bei der Versuchung, die Judenchristen – ganz oder teilweise – aus sich auszusondern. Die judenchristliche Frage wird im letzten Teil des Kirchenstreites zu seinem Sinnbild und Kern.

60. Das Völkische ist in Christo, d. h. innerhalb der Kirchen, lebendiges Material der Gestaltwerdung, wenn auch nie für den Glauben mitbestimmende Kraft; denn Glaube entsteht nur wider das Eigenvölkische in jedem Volk.

61. Das Eigenvölkische als lebendiges Material für die Volkwerdung der Kirchen sollte nie als Nebensache gelten und wird zu einer Hauptsache in einer Zeit, in der die gekränkte Schöpfung – das gekränkte deutsche Volkstum – an die Kirchentür klopft und verlangt, in der Theologie der Erlösung und in der Liturgie der Kirche einen Platz zu erhalten, und sei es auch nur zu dem einen Ziele, dass die Sünden wider die Schöpfung, wider Blut und Volkstum sowie wider die Ordnungen der Schöpfungen nicht wieder in der Kirche übersehen oder auch nur zu gering bewertet werden können.

62. Der jetzige Kirchenstreit bewirkt kein Schisma. Die Streitenden wollen beide Nationalkirche. Der Kampf findet auf der innersten Linie statt,

zwischen den vereinigten dereinstigen Gegnern des Reformators – Klerikalen und Schwärmern – und der reformatorischen Front; jene kämpfen als klerikale Himmelreichsstürmer, diese als Glaubensmenschen in der Nachfolge des Kreuzes; beider Kampfgegenstand und Kampfpreis ist das Erbe der Reformation („zuweilen dünkt mich, die Juristen bedürften wohl eines Luther, aber ich besorge, sie möchten einen Münzer kriegen" [Luther]).

63. Dieser kirchenpolitische und theologische Kampf kann nur zu Ende gehen, wenn der Kampf um die judenchristliche Frage in Offenheit als Kernfrage erkannt und behandelt wird. Klerikalen Blutschwärmern begegnet das Ärgernis des Kreuzes nur noch in der Heilsgeschichte des Neuen Testamentes: beim Juden Jesus.

64. Der Wille der deutsch-christlichen Bewegung kann, soweit Gott dies einer Heidenkirche überhaupt gestattet, durch die Lösung der judenkirchlichen Frage im Sinne des Evangeliums in Erfüllung gehen. Nur dann käme auch die Einheit der Deutschen Kirche zustande.

65. Wenn aber der Wille zur Verwurzelung nur teilweise in Erfüllung gehen wird, so soll sich die Deutsche Kirche ihres einzigartigen Vorzuges, die angestammte Kirche der Reformation zu sein, trösten.

66. Die Einigung gelingt daher nur auf dem Boden der eindeutig bestimmten reformatorischen Rechtfertigungstheologie, deren Erneuerung wir der theologischen Besinnung während der Zeit der Schande Deutschlands verdanken.

67. Die Verdammung der Häresien und Rottungen kann während des theologischen Kampfes nicht unterbleiben.

68. Die brüderliche Verbundenheit muss trotzdem gerade von denen angestrebt werden, denen das Amt der Verdammung und Verketzerung zufällt.

69. Die reformatorische Gruppe hat die Aufgabe, den blutsschwärmerischen Ketzer nicht durch die Liebe, aber in der Liebe zu überwinden. Diese Aufgabe erfordert die höchsten Spannungen im christlichen Leben.

70. Die kirchenrechtliche Stellung des Judenchristen in den Ämtern und den Gemeinden der völkischen Kirche bleibt unverkürzt. Halbe Christen gibt es nicht. Hospitantenchristentum lässt nicht leben noch sterben: religiöser Sadismus! Und der Versuch, die Judenmission der Heidenmission gleichzuschalten, bedeutet das letzte Kunststück des liberalistischen Zeitalters.

71. Dass eine Judenmission sich weigert, überhaupt noch Judentaufen zu

vollziehen, ist eine Schande für die Kirche, für die Judenmission aber auch heute eine unhaltbare Haltung. Wäre nicht gerade jetzt eine Judentaufe das für die Kirche Christi notwendige Zeichen?

72. In der Geschichte des Reiches Gottes auf Erden sollte in der Apostolischen Zeit das Gesetz (die Thora) „des" Volkes zum Gesetz der Völker gemacht werden; um die Kirche, d. h. um Christi willen, musste dieser Anspruch aufgegeben werden (Apostelkonzil zu Jerusalem, Apg. 15). Heute soll das Gesetz (der Nomos) der Völker zum Gesetz „des" Volkes gestempelt werden; wieder muss auf einen Anspruch um der Kirche, d. h. um Christi willen, Verzicht geleistet werden.

In statu confessionis.

Abkürzungen

BA	Bochumer Anzeiger
Br. 1	Günter Brakelmann: Hans Ehrenberg. Ein judenchristliches Schicksal in Deutschland, Band 2: Widerstand, Verfolgung und Emigration 1933-1939, Waltrop 1999
Br. 2	Günter Brakelmann: Evangelische Kirche im Entscheidungsjahr 1933/1934: Der Weg nach Barmen, Berlin 2010
Brau	Georg Braumann: Die evangelische Altstadtgemeinde Bochum in kirchlichen Wochenblättern und lokalen Tageszeitungen 1933-1937. Ein Quellenbericht, Band 1: Die Jahre 1933-1934, Bochum 2003
Friedrichs	Axel Friedrichs: Die nationalsozialistische Revolution 1933, Berlin 1940
KJ	Kirchliches Jahrbuch 1933-1944, Gütersloh 1948
Rosowski	Martin Rosowski (Hg.): Albert Schmidt 1893-1945, Bochum 1994
KDS	Kurt Dietrich Schmidt: Die Bekenntnisse und grundsätzlichen Äußerungen zur Kirchenfrage des Jahres ..., Band 1: 1933, Göttingen 1934
van Norden	Günther van Norden: Der deutsche Protestantismus im Jahr der nationalsozialistischen Machtergreifung, Gütersloh 1979

Zur Person: Günter Brakelmann

Günter Brakelmann wurde am 3. September 1931 in Bochum geboren.

Er studierte evangelische Theologie, Sozial- und Geschichtswissenschaften an der Eberhard-Karls-Universität Tübingen und der Westfälischen Wilhelms-Universität in Münster.

Nach seiner Promotion 1959 wurde Brakelmann zunächst Berufsschul- und Studentenpfarrer in Siegen.

Von 1962 bis 1968 war er Dozent an der Evangelischen Sozialakademie in Friedewald.

1967 wurde er Wissenschaftlicher Mitarbeiter am Institut für Christliche Gesellschaftslehre der Westfälischen Wilhelms-Universität in Münster, bevor er 1970 zum Direktor der Evangelischen Akademie Berlin berufen wurde.

1972 nahm er einen Ruf auf den Lehrstuhl für Christliche Gesellschaftslehre an der Ruhr-Universität Bochum an, auf dem er bis zu seiner Emeritierung 1996 blieb.

Von 1980 bis 1996 war er Direktor des Sozialwissenschaftlichen Instituts (SWI) der Evangelischen Kirche in Deutschland (EKD), das bis 2004 in Bochum angesiedelt war.

Brakelmann, der in verschiedenen Gremien der westfälischen Landeskirche, der Evangelischen Kirche in Deutschland und der SPD, der er seit 1957 angehört, tätig war, war Mitglied verschiedener Gremien des Westdeutschen Rundfunks und des Programmbeirats für das Erste Deutsche Fernsehen.

Seine Forschungsschwerpunkte liegen seit seiner Emeritierung in der Geschichte des Antisemitismus und der Geschichte des Widerstandes gegen den Nationalsozialismus.

2000 wurde Günter Brakelmann mit dem Hans-Ehrenberg-Preis der Hans Ehrenberg Gesellschaft und des Evangelischen Kirchenkreises Bochum ausgezeichnet.

Günter Brakelmann: Ausgewählte Publikationen

Kirche im Krieg. Der deutsche Protestantismus am Beginn des Zweiten Weltkriegs, München 1980

Abschied vom Unverbindlichen. Gedanken eines Christen zum Demokratischen Sozialismus, Gütersloh 1982

Mit Klaus Peters: Karl Marx über Religion und Emanzipation I, Gütersloh 1982

Mit Klaus Peters: Karl Marx über Religion und Emanzipation II, Gütersloh 1982

Kirche, soziale Frage und Sozialismus 1, Gütersloh 1983

Kirche in Konflikten ihrer Zeit. Sechs Einblicke, München 1986

Zur Arbeit geboren? Beiträge zu einer christlichen Arbeitsethik, Bochum 1988

Zwischen Widerstand und Mitverantwortung: Vier Studien zu Protestantismus in sozialen Konflikten, Bochum (SWI Verlag) 1994

Mit Traugott Jähnichen: Die protestantischen Wurzeln der Sozialen Marktwirtschaft. Ein Quellenband, Gütersloh 1994

Konfessioneller Nationalismus, in: Reden und Gegenreden, Bochum (SWI Verlag) 1996

Kirche im Zweiten Weltkrieg, in: Reden und Gegenreden, Bochum (SWI Verlag) 1996

Protestanten im Widerstand: Der Kreisauer Kreis um Helmuth James von Moltke, in: Reden und Gegenreden, Bochum (SWI Verlag) 1996

Für eine menschlichere Gesellschaft.Bd.1: Reden und Gegenreden, Bochum 1996

Konfessionalismus und Nationalismus, in: Bernd Faulenbach, Karsten Rudolph, Manfred Schlösser (Hg.): Bochumer Beiträge zur Nationalismusdebatte, Essen 1997

Kirche im Ruhrgebiet, Essen 1998

Hans Ehrenberg – Ein Pfarrerschicksal in Bochum 1925 bis 1938, in: Christen an der Ruhr, Band 1, hg. Von Alfred Potmann und Reimund Haas,Essen 1998, S. 189-200

Hans Ehrenberg. Ein judenchristliches Schicksal in Deutschland.
Band 1: Leben, Denken und Wirken 1883-1932, Waltrop 1997
Band 2: Widerstand, Verfolgung und Emigration 1933-1939, Waltrop 1999

(Hg.): Hans Ehrenberg. Autobiographie eines deutschen Pfarrers, Waltrop 1999
Evangelische Kirche und Judenverfolgung, Waltrop 2001

Christen im Widerstand: Die Freiburger Denkschriften, in: Für eine menschlichere Gesellschaft. Band 2, Bochum (SWI Verlag) 2001

Helmuth James von Moltke (1907-1945): Protestant und ökumenischer Christ, in: Für eine menschlichere Gesellschaft. Band 2, Bochum (SWI Verlag) 2001

Konfessionelles Bewusstsein im werdenden Ruhrgebiet 1870 bis 1918, in: Für eine menschlichere Gesellschaft, Band 2, Bochum (SWI Verlag) 2001

Mit Martin Rosowski (Hg.): Antisemitismus. Von religiöser Judenfeindschaft zur Rassenideologie, Göttingen 2001

Für eine menschlichere Gesellschaft. Bd 2: Historische und sozialethische Vorlesungen, Bochum 2001

Mit Manuela von Brocke: Emanzipation und Antisemitismus. Band 1: 1869-1877, Waltrop 2002

Die Evangelische Stadtakademie Bochum. Vorgeschichte und Geschichte bis 1933, in: Manfred Keller (Hg.): Gott und der Welt begegnen. 50 Jahre Evangelische Stadtakademie für Bochum, Bochum 2003

Geschichte der Heimvolkshochschule Wislade in der Zeit der Weimarer Republik, in: Jahrbuch für Westfälische Kirchengeschichte, Band 98, Bielefeld 2003

Die Kreisauer: folgenreiche Begegnungen, Münster 2003

Der Kreisauer Kreis. Chronologie, Kurzbiographien und Texte aus dem Widerstand, Münster 2003

Adolf Stoecker als Antisemit, 2 Bände: Darstellung und Dokumente, Waltrop 2004

Mit Manfred Keller: Der 20. Juli 1944 und das Erbe des deutschen Widerstandes, Münster 2005

Mit Traugott Jähnichen: Dietrich Bonhoeffer – Stationen und Motive auf dem Weg in den politischen Widerstand, Münster 2005

Helmuth James von Moltke: 1907-1945. Eine Biographie, München 2007

Christsein im Widerstand: Helmuth James von Moltke: Einblicke in das Leben eines jungen Deutschen, Münster 2008

Helmuth James von Moltke: Zeitgenosse für ein anderes Deutschland, Münster 2009